Libera tus sombras

Descubre el fenómeno *shadow work*, un viaje al lado oculto de tu mente que te cambiará la vida

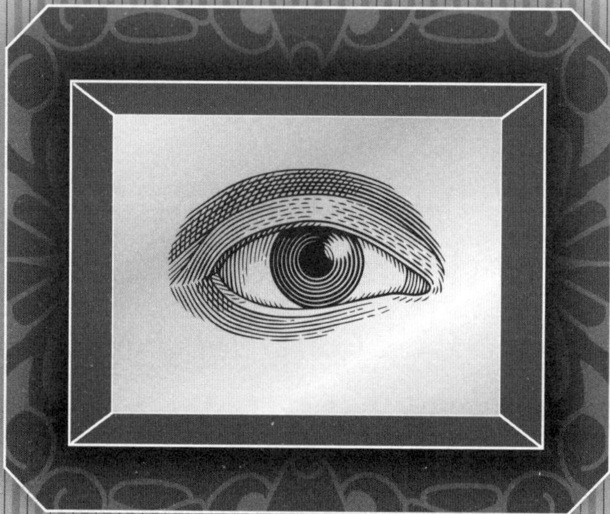

LIBERA TUS SOMBRAS

DESCUBRE EL FENÓMENO *SHADOW WORK*, UN VIAJE AL LADO OCULTO DE TU MENTE QUE TE CAMBIARÁ LA VIDA

Ejercicios y consejos
para priorizar tu bienestar
y sanar viejas heridas

KELLY BRAMBLETT

DIANA

Obra editada en colaboración con Editorial Planeta – España

Título original: *The Complete Shadow Work Workbook & Journal*

Composición: Papyro

Bajo el sello editorial DIANA M.R.
Avenida Presidente Masarik núm. 111,
Piso 2, Polanco V Sección, Miguel Hidalgo
C.P. 11560, Ciudad de México
www.planetadelibros.com.mx

Primera edición impresa en España: enero de 2024
ISBN: 978-84-19812-35-3

Primera edición impresa en México: febrero de 2024
ISBN: 978-607-39-1216-7

Impreso en los talleres de Impregráfica Digital, S.A. de C.V.
Av. Coyoacán 100-D, Valle Norte, Benito Juárez
Ciudad De Mexico, C.P. 03103
Impreso en México - *Printed in Mexico*

Dedico este libro a todos aquellos

que se esfuerzan, que curan sus heridas

y que luchan continuamente por mejorar.

Gracias por poner de su parte.

ÍNDICE

INTRODUCCIÓN

Te doy la bienvenida a este nuevo y emocionante viaje. Me llamo Kelly Bramblett, y seré yo quien te guíe a través de lo que te propongo en este libro: trabajar tus sombras, un proceso conocido como *«shadow work»*. Soy especialista en atención del trauma, practicante de la técnica de liberación emocional (EFT), *coach* de vida, practicante de la ley de la atracción y maestra de Reiki Usui. Sin embargo, más allá de todos los títulos y certificados, soy una superviviente de trauma y alguien cuya vocación es ayudar al conjunto que somos a sanar enseñando a sus individuos cómo curarse a sí mismos.

Las lecciones más valiosas que atesoro no las aprendí en clases: las recibí a través de mi trabajo de sombras personal, que hice para recuperar la salud y que duró más de veinte años. Avanzaba al ritmo de dos pasos hacia delante, un paso hacia atrás. Este lento progreso se debió, sobre todo, a que no poseía las herramientas necesarias para gestionar y sanar mis heridas. El aprendizaje era flemático, pero las lecciones eran poderosas. Con el paso del tiempo, conforme mi vida mejoraba, supe que quería enseñar a otros todo lo que había aprendido, para que no tuvieran que pasarse veinte años averiguándolo sobre la marcha, como tuve que hacer yo. Si aplicas los siguientes ejercicios y las técnicas de manera constante, lo que aprenderás en este libro te servirá el resto de tu vida.

A pesar de que mi trabajo de sombras se basó en sanar heridas no resueltas que tenía, en realidad dicho viaje se compone de muchas capas. La «sombra» es solo otra palabra para intentar describir nuestro subconsciente. Ocurren muchas cosas debajo de la superficie de nuestra consciencia. Las creencias limitantes, el pensamiento condicionado, las heridas no resueltas, la vergüenza, el ego y los más profundos miedos son todos aspectos de la sombra que habita en nuestra mente. La mezcla de esas cosas es la causa de los patrones tóxicos que arrastramos, de nuestros detonantes emocionales e insatisfacción general.

Este libro está dirigido a cualquier persona que se sienta estancada o que anhele más. Es para aquellos que desean verdaderamente conocerse a sí mismos y que están dispuestos a confrontar los aspectos desagradables de su inconsciente desde la energía del amor, la compasión y una autoaceptación radical. Sé que esto puede sonar un poco (o incluso muy) aterrador ahora mismo, pero estaré a tu lado para guiarte a lo largo de todo el camino, enseñándote herramientas basadas en la evidencia, las cuales te seguirán acompañando mucho tiempo después de haber terminado este libro.

Aunque esta obra fue concebida para motivarte a trabajar individualmente, no sustituye en ningún caso el tratamiento profesional, como la terapia. Si en algún momento sientes que estos ejercicios detonan emociones o pensamientos intrusivos difíciles de gestionar, busca ayuda. No hay que avergonzarse de admitir que necesitamos apoyo: ninguno de nosotros está destinado a transitar esta vida en soledad.

Es cierto que el trabajo de sombras puede ser desagradable, pero también resulta gratificante y revelador. Recuerda: nunca dejamos de crecer ni de aprender. Deja que esta verdad te relaje conforme avances por el libro. Respira profundamente y, cuando estés preparado, ¡empecemos!

Cómo usar este libro

Esta obra está dividida en dos partes. La primera parte es una introducción que te ayudará a comprender con mayor profundidad en qué consiste trabajar la sombra y cómo puede esto mejorar tu vida.

La segunda parte es un cuaderno de trabajo de seis capítulos con ejercicios, sugerencias que aplicar en tu día a día y un puñado de casos prácticos. Además, cada uno de los capítulos de esta parte incluye una sección separada llamada «Diario de trabajo», en la que encontrarás guías de escritura, pensadas para ayudarte a analizar tus pensamientos, sentimientos y logros conforme avances en tu propio camino de sombras.

Cómo utilizar este libro es algo que dependerá completamente de lo que creas que más te conviene. Puedes completarlo de principio a fin, o puedes saltar de tema en tema, dejando que tu intuición te guíe según lo que más necesites en cada momento. Sea cual sea el método que elijas, no olvides que la meta es el viaje, no el destino. Es sorprendente lo sabio que resulta este viejo dicho cuando se aplica al trabajo interior y al desarrollo personal. Tómate el tiempo que necesites en interiorizar de verdad cada lección para que te ayuden a cambiar tu vida. Para lograrlo, no avances con prisas ni trates los ejercicios como si simplemente fueran tareas que tachar en una lista. En vez de eso, deberás aplicar las lecciones y los conceptos de manera constante para conseguir así crear nuevos hábitos. El cambio y el crecimiento sostenibles se alcanzan paso a paso. No hay necesidad de correr.

PARTE I

UNA INTRODUCCIÓN AL TRABAJO DE SOMBRAS

La primera parte de este libro se convertirá en tu base, ya que te enseñará qué es y qué no es el trabajo de sombras. Nos sumergiremos juntos en la exploración de las sombras del yo, centrándonos en cómo se crean nuestras creencias limitantes y cómo se condiciona nuestra forma de pensar. Entenderemos así que todos tenemos un lado oscuro. Aunque tu primer instinto sea sentirte avergonzado o culpable de lo que descubras a lo largo del camino, con la mentalidad adecuada, lo que aprendas sobre tus sombras te servirá como una de las mejores herramientas posibles para seguir creciendo. Con el tiempo, incluso aprenderás a sentir gratitud por las lecciones dolorosas, las heridas sufridas y las desagradables energías acumuladas en tu inconsciente. No obstante, primero necesitas ser consciente y comprender cómo tus sombras han sido moldeadas por tus experiencias pasadas. Este conocimiento te permitirá avanzar a través de los procesos necesarios con mayor facilidad y seguridad en ti mismo, lo que te garantizará el éxito y un crecimiento sostenible.

CAPÍTULO 1

QUÉ ES LA SOMBRA

Este capítulo se centra en conocer de dónde nacen nuestras sombras y cómo se desarrollan a lo largo de nuestra vida. Hay muchas facetas diferentes involucradas en el interminable desarrollo de las sombras del yo. No se trata de borrar ni de deshacerse de esos fragmentos de ti, ya que forman parte del todo que eres. En vez de eso, el objetivo es aprender a querer, apreciar, observar sin juzgar e integrar tus sombras, sin identificarte con ellas. Al hacer esto, aprendes a distinguir reacciones y respuestas, lo que te permite tomar decisiones más conscientes sin importar a qué te enfrentes.

Aprenderás a calmar a tu niño interior, ignorar a tu voz crítica y silenciar tu ego, permitiéndote, pues, actuar desde la lucidez. La mentalidad también es primordial, por lo que la abordaremos igualmente en este capítulo. Asimismo, descubrirás el caos que resulta al intentar ignorar, huir o reprimir nuestras sombras. Por último, te explicaré cómo este trabajo interior te beneficiará en todos los aspectos de tu vida.

EL PENSAMIENTO CONDICIONADO

Recuerdo con cariño a una paciente con quien trabajé al principio de mi carrera como *coach*. Se llamaba Sara. Acudió a mí porque sentía que tenía una relación insana con la comida, algo que describía como «adicción». Le preocupaba más la calidad de los alimentos que comía que la cantidad.

Cuando empezamos a analizar su historia y sus traumas, me contó que había sido el chivo expiatorio de una familia numerosa. Su madre, abusadora física y verbalmente, infundía miedo y controlaba a todos los miembros de la familia, incluido su sumiso padre, quien, aunque nunca fue abusador, tampoco intervino a favor de los hijos. Sara me confesó que su madre solía pegarle con el zapato mientras le gritaba una y otra vez: «¡Eres un fracaso!».

Cuando empecé a trabajar con Sara, sus objetivos eran también convertirse en *coach* y escritora, como yo, pero esta creencia limitante que la acompañaba desde su infancia temprana la había convencido de que no era suficiente para alcanzar sus metas. Su insatisfacción con el trabajo y la vida que tenía la llevaba a recurrir a la comida como consuelo, para intentar así llenar el vacío que su doloroso pasado había provocado. Trabajé con ella para que se enfrentara a esas creencias limitantes, y la guie a través de ejercicios que la ayudaron a soltar años de emociones contenidas en su cuerpo y a cambiar su forma de pensar. La última vez que hablamos, tenía dos pacientes para los que trabajaba gratuitamente mientras obtenía su certificado de *life coach*.

¿QUÉ SON LAS SOMBRAS DEL YO?

El concepto de «la sombra» fue concebido por Carl Jung, el famoso psicoanalista suizo. No hay nada místico en la idea de la sombra, a pesar de que lo oculto suele parecernos muy misterioso. Nuestro «lado oscuro» es la parte de nosotros que nos hace sentir culpa o vergüenza, uno de los motivos por los que puede que evitemos tomar consciencia de él.

Cuando noto que ponen resistencia al trabajo de sombras, les pregunto a mis pacientes si creen que son perfectos. Todos responden: «¡Por supuesto que no!». Mi siguiente pregunta siempre es: «Entonces, ¿por qué te da tanta vergüenza ser imperfecto, como cualquier otra persona?». Esto parece ayudarlos a juzgarse menos y aceptarse más. El objetivo no es ser perfecto, del mismo modo que la perfección no es parte de la experiencia humana. La meta siempre debería consistir en actuar de forma consciente y crecer continuamente. Todos tenemos una sombra con la que lidiar, por lo que la tuya no debería hacerte creer que eres menos que nadie o que no mereces lograr tus objetivos primordiales.

¿DE DÓNDE NACE LA SOMBRA?

La sombra es, simplemente, parte de la condición humana, lo que significa que todos tenemos la capacidad de tener un lado más oscuro desde el instante en el que respiramos por primera vez. Está programado en las zonas más primitivas del cerebro, y llegó a los humanos actuales desde nuestros más antiguos ancestros, quienes necesitaban el ego y las respuestas de lucha o huida para asegurar la supervivencia de la especie. Actualmente, estas partes de nuestra mente sirven para un propósito muy diferente: ayudarnos a alcanzar un nivel más profundo de madurez emocional.

A lo largo de nuestra vida, las experiencias únicas que vivimos nos afectan. El cerebro recibe información de los estímulos externos de forma constante. Si prima nuestro ego, la información se verá filtrada por ese lente, por lo que puede que actuemos de maneras que no se alineen con nuestros principios básicos. ¿Alguna vez has perdido los estribos y le has dicho a alguien a quien querías cosas que no pensabas, sintiéndote culpable cuando regresas a un estado mental más estable? Esto sucede cuando actuamos sin tener en cuenta nuestro sistema de creencias fundamental, algo que ocurre con facilidad cuando no somos conscientes de nuestras sombras.

Infancia y vida familiar

Gran parte del pensamiento condicionado y del sistema de creencias insano que habita en nuestro subconsciente se crea en la infancia, desde donde continúa creciendo, volviéndose más y más dañino para nuestra vida conforme envejecemos. Es por este motivo por el que un proceso importante del trabajo de sombras consiste en explorar nuestros primeros recuerdos y nuestro contexto en la infancia. La confianza instintiva que un niño siente hacia las figuras de referencia lo lleva a aceptar sin cuestionamiento alguno todo lo que se le diga y enseñe. Por ejemplo, un progenitor que niega el afecto y los elogios puede crear heridas de abandono en su hijo. Como mecanismo de defensa, el niño se convierte en un adulto emocionalmente inaccesible, lo que resulta en una dificultad para mantener relaciones sanas. De esta forma, el círculo vuelve a empezar.

Sucesos y recuerdos traumáticos

Las experiencias traumáticas no resueltas ocupan mucho espacio en el lado oscuro de nuestra mente, sobre todo las relativas a la infancia, cuando el cerebro sigue desarrollando ideas básicas sobre el mundo. Al trabajar en la sanación de los traumas, me encuentro con mucha gente a la que le cuesta tener una mentalidad sana, y que suele luchar con problemas como la adicción, la baja autoestima, la complacencia, y la inhabilidad de comprender y poner límites sanos.

Experiencias percibidas como vergonzosas

La vergüenza desempeña un papel importante en el ser humano, pero no debe ser confundida con su frenética prima, la culpa. La culpabilidad sana sirve para una función imprescindible: nos alerta cuando actuamos lejos de nuestros estándares morales y nos da la oportunidad de realinearnos con nuestros principios y nuestro sistema de creencias. La culpa se convierte en vergüenza cuando no logramos perdonarnos o cuando no somos capaces de controlar la situación que nos hace sentir culpables. Una persona que atraviesa momentos traumáticos continuos suele desarrollar una culpabilidad y una vergüenza insanas que se acumulan en su subconsciente. Esto afecta a cómo se percibe, cómo permite que la traten y qué tan merecedora se siente de tener una buena vida.

Por qué es crucial tener una mente receptiva

Para trabajar la sombra necesitas tener una mentalidad sana y un sistema nervioso equilibrado, estar dispuesto a abrir la mente para salir de tu zona de confort, pero hacerlo de forma consciente y con los pies en la tierra. Antes de empezar, aconsejo tomarse unos momentos para conectar con la consciencia y la intencionalidad. Respira tranquila y profundamente por la nariz. Escanea tu cuerpo y localiza cualquier lugar en el que estés reteniendo tensión. Libérala con cada exhalación, relajándote poco a poco. Es un buen momento para elegir tratarte con amor y compasión.

Si trabajando con este libro empiezas en cualquier instante a sentirte agobiado, ansioso o demasiado alterado, detén lo que estés haciendo y practica esta técnica de respiración. Prestar atención a los cambios de tu cuerpo, por sutiles que sean, te servirá en todos los aspectos de tu vida. Si quieres integrar aún más este ejercicio de consciencia plena, incorpóralo a tu rutina cotidiana. Más adelante, puedes desafiarte a ampliar el tiempo que le dedicas cada día. No te desanimes si al principio solo puedes mantenerte consciente durante pocos minutos: irás mejorando con la práctica.

LOS PELIGROS DE REPRIMIR TUS SOMBRAS

No tardé en darme cuenta de la evidente conexión entre el hecho de haber sufrido y enterrado un trauma y cosas como los trastornos autoinmunes, la fibromialgia y otros tipos de enfermedades o malestares físicos. Cuando reprimimos nuestras sombras para eludir un malestar, este toma cualquier otra forma. A pesar de que esta evasión nos puede proporcionar un remedio rápido, ocultar lo que consideramos desagradable o incómodo nos cobrará factura. La contención no solo tendrá un efecto negativo físico, sino que también puede despertar síntomas emocionales muy intensos, como ansiedad, depresión o insatisfacción.

Las enfermedades cardiovasculares son «la primera causa de muerte en España», según la Fundación Española del Corazón, con 120000 muertes al año en aquel país y más de 500000 ingresos hospitalarios. Con la evidencia científica de cientos de estudios, esta organización relaciona los problemas cardiovasculares con el estrés, la ansiedad y los trastornos mentales. El mensaje que envían es contundente: para vivir de forma saludable, debemos aprender a procesar y afrontar los altibajos. Trabajar la sombra no solo te ayudará a procesar los sucesos del pasado, sino que también te motivará a tener una mentalidad de crecimiento y a ser consciente de tu salud en el presente. Esto te permitirá gestionar los desafíos y evitar que se acumulen en el subconsciente, lo que al final del día conduce a una mejor salud.

Registra tus avances

Una cosa que aprendí en el curso de Técnica de Liberación Emocional (EFT por sus siglas en inglés) fue a medir siempre, en una escala del uno al diez, cómo se sentía el paciente antes y después de la sesión. La razón de hacer esto es que la mente suele olvidar cómo estábamos antes de sentirnos mejor, por lo que puede resultar difícil apreciar la evolución. Los profesionales se dieron cuenta de que, cuando no realizan esta valoración, los pacientes suelen notar poca mejoría porque olvidan su punto de partida emocional. Una vez que la evaluación se convirtió en parte esencial de la práctica de EFT, los resultados mejoraron porque los pacientes pudieron empezar a comparar cómo se sentían antes y después del tratamiento.

De igual forma, registrar los avances que hagas en tu propio viaje —a través del *journaling* o tomando notas— te aportará el mismo tipo de punto de referencia comparativo. Asimismo, dedicar tiempo, de vez en cuando, a reflexionar sobre dichas anotaciones te revelará nuevas perspectivas. Esta práctica también te ayudará a identificar tus éxitos, lo que te motivará a continuar avanzando en tu viaje. Siguiendo tu instinto, puedes anotar además tus objetivos, manifestaciones o intenciones a la vez que registras los altibajos de tu trabajo de sombras. Este ejercicio también te será útil si estás tomando terapia.

LOS BENEFICIOS DE ABRAZAR TUS SOMBRAS

Estamos destinados a visitar nuestras sombras, no a deambular entre ellas eternamente. Tus aventuras por la oscuridad harán que el tiempo que pasas en la luz sea mucho más gratificante, y sabrás que aplicaste el conocimiento cuando incorpores nuevos hábitos positivos. Cuando nos damos cuenta de esto, el trabajo resulta mucho menos intimidante, se convierte en una costumbre, por lo que requiere menos esfuerzo. Las relaciones mejoran, el amor hacia uno mismo se fortalece y el aumento de la autoconfianza abre la puerta a grandes oportunidades y experiencias.

Prioriza tu bienestar y sanación

Sé que todos tenemos las agendas llenas y que hacemos malabares con todas las responsabilidades, pero nuestra prioridad número uno debería ser la salud y el bienestar. Mantener nuestras necesidades satisfechas garantiza que podamos gestionar las responsabilidades con muchos más recursos internos. Cuando frecuentemente dedicamos tiempo a cuidarnos y a enfrentar nuestros problemas con serenidad y delicadeza, sacamos a relucir lo mejor de nosotros en todos los aspectos de la vida. Además, priorizando nuestras necesidades y autocuidado nos convertimos en un ejemplo positivo para los demás, normalizando prácticas holísticas estigmatizadas desde hace muchos años en la sociedad moderna, en la que se idealiza el estar ocupado, considerándolo incluso una señal de éxito (erróneamente).

Libérate de patrones destructivos

El trabajo de sombras consiste en iluminar aquello que yace en la oscuridad; en otras palabras, se trata de tomar consciencia del subconsciente. Conforme avances en el camino, empezarás a identificar de forma instintiva círculos viciosos y patrones destructivos. Tomar consciencia es el primer paso. Ya que hayas conseguido esto, es posible crear un plan para liberarse de los hábitos perjudiciales, y así adoptar intencionadamente mejores rutinas. Cada vez que eliminamos un comportamiento tóxico, creamos espacio, el cual podremos llenar desde la intención, evitando de esta forma que sea el subconsciente el que dirija el espectáculo. Así es como podemos liberarnos de las cadenas invisibles que nos atan a hábitos y patrones perjudiciales.

Sana viejas heridas y deja ir aquello que ya no te sirve

Todos experimentamos en algún momento un trauma: esa es la vida. Identificar el trauma y, luego, liberarnos de él es una parte imprescindible del crecimiento personal. Cuando elegimos afrontar una herida del pasado desde el amor, la compasión, la aceptación y el perdón, nos permitimos disfrutar de una vida más satisfactoria y feliz. La buena noticia es que tu sufrimiento no es en vano. Las experiencias dolorosas vividas responden a un propósito superior: darte la oportunidad de redescubrir la verdadera esencia de tu alma a través de la sanación. Desde este punto de vista, el dolor se convierte en una herramienta muy poderosa, capaz de enseñarte lecciones indispensables para un mejor autoconocimiento.

Mejora cada aspecto de tu vida

Una rutina constante centrada en el desarrollo personal te ofrece oportunidades ilimitadas de mejorar. Aprender a ser receptivo en lugar de reactivo te permite ser quien lleve las riendas de tu vida, la cual deja de ser algo que, simplemente, te sucede. De esta forma, tomas consciencia de la importancia del equilibrio entre la intencionalidad y la responsabilidad, en relación a qué tan satisfecho te sientes. Conforme centres tu perspectiva en la observación no juiciosa, tus relaciones mejorarán. Desarrollarás un amor propio sano, gracias a tu compromiso con el trabajo interno, y cada vez te será más fácil poner y mantener límites sanos. La vida se teñirá de riqueza y significado, a la vez que te mostrará una forma de experimentar el mundo más profunda, satisfactoria y llena de sentido.

Siéntete capaz de ser quien eres, con tus luces y sombras

No hay nada más poderoso que mostrarte como realmente eres, sin disculparte por quien eres, sintiéndote a gusto y sin preocuparte por lo que los demás puedan pensar. La autoaceptación radical consiste en aceptar tus luces y sombras, siendo amable contigo mismo cuando tropiezas y sabiendo que tus defectos —nacidos de tu humanidad— no te hacen menos digno. La libertad absoluta nace de la validación interna, la cual se desencadena de la necesidad de gustar y, por ende, del miedo a las opiniones y juicios externos. Cuando te conoces de verdad, nadie puede convencerte de lo contrario. Esto es algo muy poderoso: te vuelves inquebrantable.

Las claves del capítulo

Como ya viste en este capítulo, tus sombras surgen de muchas experiencias vitales diferentes, y los beneficios de entender cómo tu oscuridad te afecta son infinitos. Recapitulemos lo tratado:

- No hay nada místico en el concepto de la sombra, a pesar de la desinformación que abunda internet. Tus sombras son simplemente una mezcla de heridas del pasado, creencias limitantes, miedos profundos, pensamientos condicionados y vergüenza percibida, contenida dentro del inconsciente.
- Tu oscuridad se desarrolla —y se ve afectada— a partir de varios componentes clave, como la primera infancia y las dinámicas familiares, las experiencias traumáticas y la percepción de la vergüenza. Estas partes de tu experiencia vital moldean la forma en que procesas la información, la cual, a su vez, influye en tu narrativa interior y en tus creencias limitantes.
- Evitar o tratar de eliminar tus sombras tiene efectos negativos tanto en la salud física como en la mental y emocional, ya que todas están conectadas entre sí y entrelazadas con el subconsciente.
- Trabajar la sombra te permitirá conocerte mejor desde el amor, la confianza y la compasión. Este trabajo conduce a la sanación, así como a la mejora y al crecimiento en todos los ámbitos de la vida.

CAPÍTULO 2

EN QUÉ CONSISTE EL TRABAJO DE SOMBRAS

En este capítulo, continuaremos explorando la sombra y cómo trabajarla puede ayudarte a enfrentar los desafíos de un modo más equilibrado y establecido. Profundizaremos en el interminable discernimiento del yo y en las distintas formas en las que esta tarea te seguirá ayudando una vez que la hayas terminado. También trabajaremos en cómo tener una buena relación con tus sombras, y aprenderás cómo convertir tu mentalidad en una que te apoye a lo largo de todo el viaje, es decir, que te facilite la vida.

Aquí encontrarás una explicación sobre el sentido, el desarrollo y la importancia de la sombra, lo que te permitirá abrazar tu lado oscuro desde la autoaceptación y el amor propio. Deseo de corazón que, apoyado en el conocimiento necesario para avanzar, logres sentirte preparado, seguro de ti mismo y motivado para embarcarte en los ejercicios y las actividades que te esperan más adelante.

Los cuatro pilares del trabajo de sombras

A lo largo de los años, conforme escribía, daba clases y ejercía como orientadora, desarrollé lo que suelo llamar «los cuatros pilares para sanar cualquier herida abierta». Estos cuatro pilares son la esencia del trabajo de sombras, y se han convertido en la base de mi trabajo como especialista en atención traumática y *coach*. Los cuatro pilares son: (1) la autorregulación del sistema nervioso, (2) la mentalidad, (3) la autoaceptación radical y el amor propio, y (4) el perdón. He tenido el honor de presenciar cómo trabajar a través de estos conceptos puede cambiar vidas.

Veamos, por ejemplo, el caso de Autumn, una mujer que acudió a mí porque era incapaz de relajarse. Vivía con el miedo constante a no tener suficiente tiempo, lo que la hacía sentir que siempre iba tarde. Como también tenía una baja autoestima, me dijo que se sentía un fracaso. La asustaba que su marido pudiera dejarla, y estaba agotada mental y emocionalmente. Se inscribió en mi programa individual de ocho semanas, durante el cual trabajamos cada uno de los cuatro pilares, analizando su infancia, identificando sus traumas y forjando una nueva mentalidad. También le ofrecí herramientas que la ayudaron a recuperar su confianza. Durante el tiempo en el que trabajamos juntas, empezó a priorizar su necesidad de descansar sin sentirse culpable, y, con el paso del tiempo, adquirió una perspectiva sana y lúcida que le permitió mejorar en todo.

DESCUBRE TU LADO OSCURO

Desde que tenemos consciencia, los seres humanos siempre nos hemos sentido atraídos por lo desconocido, lo oculto, así como por los secretos de nuestra mente. No obstante, la manera en la que percibimos el trabajo interior ha ido cambiando conforme nuestro conocimiento sobre el cerebro humano y la psicología ha evolucionado. Estudios epigenéticos pioneros están demostrando que nuestros pensamientos y sentimientos nos afectan a nivel celular al influir en cómo se expresa nuestro ADN, por ejemplo, activando o desactivando determinados genes. Es decir, el trabajo de sombras puede literalmente cambiarnos a un nivel celular.

Ahora que la ciencia por fin comienza a validar lo que muchos maestros espirituales llevan afirmando cientos de años, estamos recuperando herramientas y técnicas ancestrales. Prácticas como el *mindfulness* y la meditación regulan nuestro sistema nervioso, lo que establece la base para trabajar la mente. El movimiento consciente, como el baile o el yoga, ayudan a conectar el cuerpo y la mente, algo que combate la disociación, una respuesta común ante un trauma. El autocuidado y el perdón nos hacen más amables y compasivos, acercándonos así a una vida más plena y ayudándonos a establecer relaciones sanas y un sentimiento de pertenencia. En cuanto al trabajo de sombras, realmente no se ha descubierto nada nuevo, pero, por fortuna, ahora contamos con herramientas basadas en la evidencia científica que validan este proceso.

EL TRABAJO DE SOMBRAS CONDUCE AL CRECIMIENTO

Lo bonito del trabajo de sombras es que no está reservado exclusivamente a unos pocos: se encuentra al alcance de cualquier persona que desee profundizar en su interior desde la curiosidad y la aceptación. Con un poco de ayuda, puedes trabajar tu yo en las sombras de manera segura para sanar de verdad, crecer y transformar tanto tu ser como tu vida.

A partir de aquí, es normal que a veces te sientas incómodo o alterado; puede que incluso notes que el trabajo de sombras despierta en ti emociones y recuerdos dolorosos. Después de todo, deberás analizar experiencias pasadas que quizás preferirías olvidar por completo. No te preocupes: te daré las herramientas necesarias para hacer frente a cualquier malestar que pueda surgir.

Acepta tus sombras desde la honestidad y la vulnerabilidad

Uno de los principales contratiempos a los que suele enfrentarse la gente cuando empieza a trabajar la sombra es la incapacidad de ser totalmente sincera consigo misma. Al ego le aterra enfrentarse a este trabajo, pero puedes superar esta dificultad con una actitud de autoaceptación. Confesar tus patrones y hábitos tóxicos puede dejarte exhausto, expuesto y vulnerable, pero es la piedra angular del trabajo de sombras.

Enfréntate a tu oscuridad desde la autoaceptación y la autocompasión

Aunque la autoaceptación radical suena genial, no es fácil de adoptar. Debemos superar la vergüenza, el arrepentimiento y el pensamiento condicionado que impiden que nos queramos de verdad a nosotros mismos. Para lograrlo, necesitamos trabajar con amor y compasión. Es imprescindible que nos responsabilicemos de nuestros actos, pero desde la amabilidad y la empatía. Juzgarnos no nos hace crecer. Lo que nos negamos a aceptar de nosotros mismos solo se magnificará, convirtiéndose en un juicio que proyectamos en los demás.

Identifica y pon a prueba tus creencias limitantes

Iluminar tus sombras implica tomar consciencia de aquello que haces de modo inconsciente. Conforme empieces a trabajar, te encontrarás frente a frente con el pensamiento condicionado que se esconde detrás de tus creencias limitantes. Puede que tu primer instinto sea aceptar esas creencias sin cuestionarlas, porque es lo que siempre has hecho. A nuestro cerebro le gusta aferrarse a lo que conoce, es decir, que siempre elegirá la opción que implique menos resistencia. Tendrás que estar dispuesto a confrontar esas creencias de forma objetiva para identificar cuáles te están ayudando y cuáles te están frenando. Recuerda: creer en algo no lo hace real.

Identifica y comprende tus detonantes emocionales

Me encanta crear contenido que altere un poco —pero de forma segura— a la gente que sigue mi trabajo. No lo hago para molestar a nadie, sino desde el amor, siendo consciente de que los desencadenantes emocionales nos ofrecen la oportunidad de aprender y crecer. Mi trabajo consiste en animar a la gente a reflexionar y explorar, incluso si eso los hace sentirse un poco incómodos.

Si dejamos que mande nuestro ego, lo más probable es reaccionar replicando o poniéndonos a la defensiva cuando nos sentimos atacados. Debemos concebir nuestros desencadenantes emocionales como maestros: nos conducen a lo que hay que abordar.

Aprende de tus relaciones

La calidad de nuestras relaciones y el tipo de personas del que elegimos rodearnos revelan mucho de lo que está pasando en nuestro subconsciente. Alguien con problemas de autoestima puede, sin darse cuenta, rodearse de personas que confirman esa creencia inconsciente ya arraigada. Por ende, puede que se relacione con personas irrespetuosas, emocionalmente inaccesibles o incluso abusadoras físicas o emocionales. Explorar las dinámicas de tus relaciones te servirá, por lo tanto, para comprender tu mundo interior.

Abraza tus sombras para alcanzar un amor propio duradero

Abordar tu lado oscuro desde la autocompasión y el amor propio es esencial. Las relaciones que tenemos con otras personas son un reflejo de la que tenemos con nosotros mismos. Cuando tienes un amor propio sano y te aceptas como el ser imperfecto que eres con amabilidad, eres capaz de dar y recibir amor de manera respetuosa en todas sus facetas. No solo estás más preparado para aceptar a los demás tal como son, sino que también puedes establecer un estándar más alto a la hora de recibir cariño. Es decir, serás capaz de enseñarles a los demás cómo quererte gracias al ejemplo de cómo te quieres tú, y serás capaz de querer mejor a los demás.

Apóyate en la ayuda externa

Felicidades por adquirir este libro y comprometerte a empezar tu trabajo de sombras. Aquí encontrarás muchas herramientas y recursos, pero eso no significa que no puedas buscar también ayuda externa. Puede resultarte muy útil apoyarte en un profesional de la psicología. Simplemente ten en cuenta que no todos están especializados en las mismas áreas, dedica un poco de tiempo a investigar quién está completamente cualificado en aquello que tú necesitas. Un especialista en experiencias traumáticas puede ayudarte a sobrellevar el malestar de transitar recuerdos difíciles.

El apoyo de un grupo también puede evitar que nos estanquemos en las sombras mientras exploramos los aspectos de nosotros mismos que se esconden en ellas. Somos seres sociales: la necesidad de pertenecer a una comunidad ha sido parte de la humanidad desde el principio de los tiempos. Buscar apoyo o grupos que compartan tu experiencia puede saciar tu necesidad de conectar, de ser visto, de sentirte escuchado y de pertenecer a algo. Nunca antes había sido tan fácil conectar. Gracias a la tecnología actual, encontrar un grupo de apoyo se encuentra a una búsqueda en Google de distancia.

PREPARA EL TERRENO PARA TRABAJAR LA SOMBRA

El lugar desde el que trabajes determinará la potencia del resultado. Intentar enfrentar tus sombras con un sistema nervioso desequilibrado no solo te dificultará avanzar, sino que incluso puede crearte un trauma. Asimismo, una mentalidad inflexible supondrá un obstáculo, haciendo que te sientas agotado y fundido por el proceso. Se parece bastante a nadar a contracorriente: gastas mucha energía pero no llegas a ningún lado. Tu progreso dependerá de tu actitud.

Antes de sumergirnos en la segunda parte de este libro, exploremos algunos consejos para adoptar una mentalidad adecuada, para que puedas realmente usar las herramientas que te ofrezco y transmutar cualquier resistencia que nazca del ego. Conocer con claridad tus objetivos y expectativas te ayudará a mantener los pies en la tierra y a tener una visión más amplia del panorama. Tu voluntad es crucial para afrontar este trabajo y encaminarte hacia el éxito.

Busca un entorno tranquilo para trabajar

Dedica un tiempo a reflexionar acerca de los objetivos que quieres alcanzar al trabajar la sombra y acerca de dónde y cómo puedes hacerlo. Por ejemplo, puedes despertarte una hora antes para trabajar un tiempo en la tranquilidad de la mañana. O puedes elegir poner música de fondo, encender una vela y envolverte en tu piyama más cómoda, o encender tu difusor de aceites esenciales. Plantéate trabajar siempre en el mismo sitio y a la misma hora para así crear un pequeño ritual en un espacio tranquilo que te calme y te transmita l estado de ánimo que necesitas. También te recomiendo dejar tu celular o ualquier otra posible distracción fuera del espacio de trabajo.

Aantente centrado física, emocional y mentalmente

l igual que hay que preparar el espacio externo en el que trabajaremos, es ambién importante prepararnos internamente. Cuando no estamos centrados, lgo interesante ocurre en el cerebro: el córtex frontal —que se encarga del ensamiento lógico, la resolución de problemas y la planificación— se desactiva, se activa en su lugar la parte más primitiva del cerebro, donde se origina la espuesta de lucha o huida. Esto nos hace ser reactivos en lugar de receptivos, or lo que nuestra capacidad para procesar adecuadamente la información isminuye considerablemente. Antes de trabajar la sombra, dedica un tiempo conectar con tu respiración y a relajar tu cuerpo. Incluso puedes seguir una neditación guiada corta antes de empezar. Es el momento de preparar tu uerpo, tu mente y tu alma.

Define tus intenciones

Qué objetivos perseguías cuando compraste este libro y te comprometiste trabajar la sombra? Tener claros tus principales motivos te ayudará a fijar xpectativas realistas y a definir tus metas a corto y largo plazo. ¿En qué quieres mejorar? Este es el tipo de preguntas que debes empezar a hacerte para identificar tus intenciones. Aun así, es importante que seas flexible, ya que no hay fechas límites ni un tiempo concreto en el que debas lograr tus objetivos. También debes comprometerte a permitir que tu viaje avance a su ritmo, y estar dispuesto a dejarte llevar, manteniendo la mente abierta y siendo curioso.

Ábrete a una profunda introspección

La introspección consiste en ser curioso y en tener la mente abierta a explorar posibilidades que contradigan lo que siempre has creído. Requiere comprometerse a reevaluarse continuamente conforme la vida tome un nuevo rumbo, cambien las circunstancias o encuentres información que no conocías. Dedicar un tiempo a prepararte mentalmente y a definir tus intenciones antes de empezar a trabajar la sombra te ayudará a mantenerte en calma y centrado, lo que reforzará la energía de la introspección. Simplemente recuerda tratar con gentileza y cariño cualquier cosa que aparezca durante el trabajo de autorreflexión, manteniendo la mente abierta a las lecciones que se te presenten. No hay ninguna sombra en ti que te haga indigno de ser amado. Entender esto hará de la introspección una experiencia agradable, a la vez que te dará la oportunidad de crecer sustancialmente.

Cómo afrontar los detonantes emocionales y el trauma en el momento

Los detonantes emocionales nos brindan la oportunidad de despertar aún más la conciencia, nos guían hacia lo que necesita sanar en nuestro interior. La clave para gestionar las desagradables sensaciones que despiertan es practicar la pausa. Parar te permite poner distancia entre la información que recibes y que funciona como detonante y cómo elegirás actuar con base en dicha información. Cuando reaccionamos, actuamos sin pensar, dejándonos llevar esencialmente por la parte menos evolucionada de nuestro cerebro. Sin embargo, al parar hacemos uso de la intencionalidad, por lo que podemos decidir cómo responder desde un estado mental más estable. En otras palabras, parar nos permite decidir.

Cuando notes la primera señal de malestar en tu interior, detente y céntrate en conectar con tu respiración y tu cuerpo. De forma consciente, relaja los músculos, respira lentamente y cálmate. Esto te permitirá identificar las emociones incómodas sin apegarte demasiado a ellas ni identificarte en exceso con ellas. Después, visualízate flotando por afuera de tu cuerpo y, desde este punto de vista consciente, hazte preguntas acerca de los sentimientos que estás experimentando. Para tener una referencia posterior, anota todo lo que sientas y pienses.

QUÉ ESPERAR DEL CAMINO A RECORRER

:ada persona experimenta el trabajo de sombras de manera diferente, pero ay una cosa que es cierta en todos los casos: no se trata de un proceso lineal. labrá baches, curvas y sorpresas, pero también un montón de momentos mocionantes y llenos de revelaciones. Serán estos los que te motivarán a eguir adentrándote en lo desconocido. La recompensa por haberte esforzado haber trabajado duro será mejor de lo que puedas imaginar, y hallarás delante le ti una vida mucho más plena, por lo que tu dedicación habrá valido la pena.

No sé qué te espera a lo largo del viaje, ya que tu camino es y será solo uyo. Sin embargo, lo que sí puedo decirte es que cuentas ahora mismo, n tus manos, con la guía perfecta para avanzar por él. Trabajarás con firmaciones para modificar tu mentalidad y reformular tus creencias limitantes nás arraigadas. También te daré ejercicios para completar en este mismo bro y te enseñaré algunas de las prácticas y técnicas más exitosas entre nis pacientes en nuestras sesiones individuales. Por último, las guías de scritura te encaminarán por los rincones del autodescubrimiento, a través de, oor ejemplo, la escritura automática.

Me siento emocionada y profundamente honrada de ser tu guía a lo largo le este significativo viaje. Aunque de seguro tendrás que enfrentarte a algunos oaches por el camino, sé que el amor, la compasión y la autoaceptación —afianzados gracias al compromiso— serán tus mayores aliados. ¡Tú puedes!

Las claves del capítulo

Ya estás a punto de emprender tu camino, y me siento muy emocionada por ti. En este capítulo abordamos mucha información, así que, antes de seguir avanzando, recapitulemos:

- Los cuatro pilares del trabajo de sombras son la autorregulación del sistema nervioso, la mentalidad, la autoaceptación radical y el amor propio, y el perdón. Al trabajar cada uno de estos conceptos podrás empezar a descifrar los misterios de tu subconsciente.
- Trabajar la sombra es una tarea imprescindible para cualquiera que se encuentre en un viaje de desarrollo personal y autodescubrimiento. Aunque puede que el proceso sea desagradable o incluso doloroso, los resultados hacen que el tiempo y el esfuerzo invertidos valgan la pena.
- Es importante preparar el terreno antes de empezar a trabajar la sombra. Para ello, busca un espacio que te resulte cómodo y tranquilo. Además, dedicar algo de tiempo a relajar la mente a través de la respiración y otras prácticas del *mindfulness* te ayudará a mantenerte concentrado y cómodo.
- Si el trabajo de sombras te abruma en algún momento, por favor, acude con un profesional en psicología. También puedes buscar apoyo en tu comunidad. Nunca antes había sido tan fácil conectar con personas de ideas afines a las nuestras.

PARTE II

TRABAJAR LA SOMBRA

Ahora es el momento de poner en práctica todo lo aprendido. Mientras, te ayudaré a llenar tu caja de herramientas hasta arriba. En esta parte, cada capítulo se centra en un tema específico del trabajo de sombras. A lo largo de ellos, encontrarás afirmaciones, ejercicios y guías de escritura para ayudarte a conocerte y comprenderte mejor. Puedes trabajar esta parte de principio a fin, o puedes hojear los capítulos y trabajar el concepto que más te guste en ese momento. No hay una forma correcta o incorrecta de emplear las herramientas que te ofrezco.

Antes de empezar, tómate un instante para detenerte y felicitarte por la dedicación que ya estás demostrando simplemente por comprometerte a trabajar. Actuar puede dar mucho miedo. A todos nos resulta más fácil quedarnos en nuestra zona de confort, manteniendo los mismos viejos hábitos y rutinas, incluso cuando no nos benefician. Solo por adentrarte en este libro ya demostraste que deseas ser proactivo a la hora de cambiar tu vida para mejorarla. Te felicito por ello. A pesar de que se trata de un trabajo serio, con la mentalidad adecuada también puede ser divertido. Enfrentar esta segunda parte con entusiasmo, en lugar de con inquietud, será como llevar contigo una luz con la que iluminar las sombras.

CAPÍTULO 3

ACÉRCATE A TUS SOMBRAS DESDE LA HONESTIDAD Y VULNERABILIDAD

La vulnerabilidad es el único estado auténtico. Ser vulnerable significa estar abierto a las heridas, pero también al placer. Estar abierto a las heridas de la vida significa asimismo estar abierto a la generosidad y la belleza. No enmascares ni niegues tu vulnerabilidad: es tu mayor riqueza. Sé vulnerable. Tiembla y estremécete.

Stephen Russell

Debido a su naturaleza, es considerada desagradable, indeseada, porque la mayoría de nosotros tenemos asimilada la creencia —nacida del miedo— de que ser vulnerable es ser débil, y ser débil significa que es probable que nos hagan daño. Construimos muros que escondan nuestro yo más íntimo, pero al hacerlo ocultamos también nuestra belleza interior. Elegimos enseñar aquellas partes de nosotros que creemos que los demás aprobarán, y apagamos nuestra luz por miedo a ser juzgados o criticados. Si te muestras ante el mundo tal como eres, en bruto, de forma auténtica, por supuesto que no les agradarás a todos, pero sí atraerás a aquellas personas, situaciones y experiencias que estén en consonancia contigo. Al atreverte a ser tú mismo, todos los aspectos de tu vida mejorarán, y podrás exteriorizar tu belleza sin miedo.

LA VULNERABILIDAD MEJORA LAS RELACIONES

Cuando Carlos se presentó en nuestra primera sesión, recuerdo que estaba ansioso y que estaba incómodo con la idea del *coaching* individual. Había acudido a mí porque se sentía perdido, desconectado de todo, como un extraño en sus grupos habituales, y sufría de ansiedad social cada vez que iba a alguna cita. No tenía a mucha gente en su vida a excepción de su hermano pequeño y su madre, con quien compartía una relación tensa. Además, Carlos me confesó que se sentía solo y que las pocas amistades que tenía carecían de profundidad y de una conexión significativa.

Después de varias semanas de trabajo, descubrimos que la raíz del problema se encontraba en su miedo al rechazo, el cual había germinado de un trauma infantil. Su padre había fallecido cuando él era un adolescente, y su madre, en pleno duelo, ignoraba a Carlos a la vez que casi idolatraba al hermano menor, quien se parecía mucho a su difunto marido.

Este miedo estaba profundamente arraigado en Carlos, impidiéndole mostrar a los demás su verdadero yo, lo que lo hacía actuar de forma torpe e incómoda, tal y como me pareció en nuestra primera sesión. Trabajamos juntos con el fin de recuperar su autoconfianza a través de ejercicios de amor propio y autoaceptación. Pasito a pasito, Carlos se atrevió a derrumbar el muro tras el cual se había escondido durante tantos años. Con el tiempo, fue capaz de establecer límites fuertes y sanos, así como logró entablar relaciones duraderas y sustanciosas.

Veo el rechazo como una oportunidad de realinear la dirección de mis pasos, porque sé que aquello que es para mí siempre me encontrará.

ENFRENTARSE A VERDADES INCÓMODAS

La dificultad de ser honesto y mostrarse vulnerable con los demás es frecuentemente un eco de la lucha interna que se libra dentro del individuo. Debido a que tu mundo exterior siempre será un reflejo de tu mundo interior, autoexplorarse con el objetivo de ser sincero con uno mismo resulta un paso imprescindible. Este proceso, no obstante, puede ser bastante desagradable. Este es el momento en el que necesitarás hacer uso de la autoaceptación radical de la que te hablé en la primera parte del libro. Recuerda: nadie es perfecto. No tienes, pues, por qué avergonzarte de tus sombras. Identificar tus conductas y sentimientos te ayudará a entender tus creencias fundamentales, de forma que puedas cambiar conscientemente de comportamiento. Utiliza la siguiente tabla como guía.

¿Qué suelo evitar de mi persona porque me resulta demasiado incómodo afrontarlo?	Ahora que centro mi atención en ello, ¿qué sentimientos afloran?	¿Cómo se refleja esta actitud en mi mundo exterior?
Cuando alguien tiene algo que yo deseo, siento envidia o intimidación.	*Vergüenza y malestar.*	*Suelo juzgar y criticar a la persona que me intimida.*

FOMENTAR CAMBIOS POSITIVOS

Ahora que identificaste algunas verdades incómodas, es el momento de planear los pasos a seguir para fomentar cambios positivos. En el siguiente espacio, escribe una declaración de intenciones que deje en claro qué acciones llevarás a cabo para vivir de forma más cercana a tus principios. Siguiendo los ejemplos dados en el ejercicio anterior, yo escribiría:
«Cuando note que comienza a crecer en mí la envidia, me alegraré por esa persona mientras me recuerdo a mí mismo que yo también puedo obtener lo que deseo si trabajo duro y creo un plan para lograr mis objetivos».

Cada mañana, relee lo que escribiste y trata de recordarlo conforme pasa el día. Al revisar diariamente esta declaración de intenciones, estarás reforzando tu compromiso, por lo que en poco tiempo lograrás crear nuevos hábitos mentales.

IDENTIFICAR LA RAÍZ

Llegar hasta el origen de aquellos comportamientos con los que no te sientes alineado te ayudará a sanar la herida de raíz. ¿Cuál crees que es la semilla de las verdades incómodas que acabas de descubrir? ¿Qué te ha impedido enfrentarte a ellas hasta ahora? ¿Cómo puede servirte identificar la raíz de tus heridas para tratarte con más amabilidad y paciencia?

GESTIONAR EL RECHAZO

El rechazo es algo a lo que todos debemos enfrentarnos tarde o temprano, por lo que necesitamos saber cómo gestionarlo de manera sana. Muchos de nosotros le tenemos pánico. Pero el rechazo también puede ser visto como una oportunidad de cambiar de dirección, de buscar experiencias más acordes a nosotros, a pesar de que no solemos verlo de ese modo en el momento. En esta actividad deberás llenar los espacios en blanco: esto te ayudará a comprender cómo gestionas normalmente el malestar que provoca el rechazo, para que puedas identificar en qué aspectos es necesario que modifiques tu mentalidad. No le des muchas vueltas a tus preguntas: simplemente escribe lo primero que se te venga a la cabeza sin cuestionártelo. Ten en mente que no hay ni buenas ni malas respuestas.

Ante un rechazo, mi primera reacción suele ser ____________________

Normalmente, el rechazo me hace sentir ____________________

El miedo más profundo que siento ante un rechazo es ____________________

Este miedo nace de ____________________

ADOPTAR UNA MENTALIDAD SANA ANTE EL RECHAZO

Ya que cuentas con un amor propio sano, dejas de tomarte el rechazo como algo personal. Desde el punto de vista de la autoaceptación, se convierte en una oportunidad de reevaluar tu camino y tomar otro distinto si es necesario. Es más fácil verlo así cuando aceptas la idea de que solo debes querer aquello que te corresponde. Realiza el siguiente ejercicio breve de *mindfulness* con regularidad para lograr adoptar una mentalidad sana ante el rechazo.

1. Busca un lugar tranquilo y cómodo en el que sepas que nada ni nadie va a interrumpirte, y pon un temporizador de diez minutos.
2. Cierra los ojos y concéntrate en tu respiración, inhala profundamente para, después, relajar tus músculos con cada exhalación.
3. Visualízate en una burbuja de luz blanca. Intenta entonces dejar conscientemente tus preocupaciones y responsabilidades fuera de la burbuja durante el tiempo que dure esta práctica.
4. Repite a tu ritmo el mantra: «Solo quiero en mi vida aquello que me corresponda», en voz alta o en silencio, hasta que suene el temporizador.

Puedes convertir esta frase en un mantra que repitas cada vez que te encuentres frente a un rechazo, para, así, aceptarlo más rápidamente.

Recuerda alguna ocasión en la que experimentaras un rechazo doloroso. ¿Cómo reaccionaste? Y, en retrospectiva, ¿cómo te ayudó ese rechazo a tomar un mejor camino? ¿Puedes sentirte agradecido por aquel rechazo, a pesar del dolor? Inténtalo.

REVISAR ERRORES PASADOS DESDE LA COMPASIÓN Y LA AUTOACEPTACIÓN

Todos cometemos errores. Pero es cuando admitimos que nos hemos equivocado y nos responsabilizamos de nuestros actos cuando somos capaces de aprender para no seguir cometiendo el mismo error una y otra vez. En el siguiente espacio, describe brevemente los que consideras tus tres peores errores. Una vez que lo hayas hecho, léelo en voz alta, diciendo después de cada error: «Cometí un error, pero yo no soy ese error. Elijo quererme, respetarme y aceptarme por completo, con mis luces y mis sombras». Cuando hayas terminado, tómate un segundo para anotar lo que sentiste al visitar de nuevo tus errores pasados desde el amor, la compasión y la autoaceptación.

1.

2.

3.

APRENDER DEL PASADO

Tras evaluar los que consideras tus tres mayores errores, reflexiona sobre lo que aprendiste de cada experiencia y cómo te ayudó a crecer. Puedes completar esta actividad a lo largo de varios días, o incluso semanas.

ENMENDAR ERRORES Y ASUMIR RESPONSABILIDADES

Uno de los momentos de mayor vulnerabilidad que todos experimentamos es admitir que nos hemos equivocado y asumir nuestra responsabilidad para enmendar el error. El ego se deja llevar muchas veces por el miedo, intentando que no asumamos nuestras faltas, pero cuantas más veces te atreves a asumir tu responsabilidad, más fácil se vuelve. Ahora, en este ejercicio, recuerda la última vez que te peleaste con alguien. Dos personas no se pelean si uno no quiere, por lo que, cuando decidimos entrar en una confrontación, siempre somos responsables de algo. Identifica en qué te equivocaste y escríbele una carta a la otra persona, asumiendo tus errores. Luego, puedes darle la carta o decirle lo que escribiste. Si, por cualquier motivo, no te es posible comunicárselo, lee la carta en voz alta, a solas, imaginándote que tienes enfrente a la otra persona.

En el siguiente espacio puedes hacer una lluvia de ideas o escribir un borrador.

ABRAZAR LA PROPIA SINGULARIDAD

Según el Diccionario Oxford de Etimología Inglesa, el significado original del adjetivo alemán «raro/a» era «con el poder de controlar el destino». Desde pequeños, los humanos solemos desarrollar un miedo colectivo hacia aquello que es diferente, por lo que muchas veces incluso ocultamos nuestras singularidades a todos, a excepción de unos pocos elegidos de nuestro círculo íntimo. Y, sin embargo, cuando nos mostramos ante el mundo tal y como somos, sin sentirnos mal por eso, las oportunidades no dejan de llegar. Atraemos conexiones genuinas, sintiéndonos así libres de ser únicos, y no dejamos que el miedo a ser juzgados nos empequeñezca. En definitiva, adquirimos el poder de controlar nuestro destino cuando nos atrevemos a ser auténticos.

Completa la siguiente lista con los atributos que te hacen sentir único, pero que a veces temes enseñar públicamente por el miedo a que te consideren raro. Por ejemplo, ¿te apasiona cantar?, ¿hablas en voz alta cuando estás a solas? No intentes llenar la lista entera de un jalón: puedes seguir añadiendo cosas más adelante.

- [ ] ______________________________
- [ ] ______________________________
- [ ] ______________________________
- [ ] ______________________________
- [ ] ______________________________
- [ ] ______________________________
- [ ] ______________________________
- [ ] ______________________________
- [ ] ______________________________
- [ ] ______________________________

Puedo ser mi auténtico yo sin miedo.

AUTENTICIDAD SIN MIEDO

Tras identificar qué cosas de ti mismo te parecen singulares pero que, precisamente por ello, a veces escondes, es el momento de aprender a ser tú mismo. De la lista anterior, escoge una característica y comprométete a aceptar dicha singularidad, y también a mostrarla públicamente. Trabaja los elementos de la lista uno por uno. Puedes elegir confesársela a alguien o actuar. Por ejemplo, si escribiste que te apasiona cantar, puedes ir a un karaoke. Cuando hayas hecho algo al respecto, puedes tachar esa casilla. Ponte el reto de continuar añadiendo cosas a tu lista, y trabaja constantemente en ella. Cuanto más practiques, más seguro de ti mismo te sentirás y más cómodo estarás con tu vulnerabilidad.

Así como aceptamos nuestra propia singularidad, debemos aceptar la de los demás sin juzgarlos. ¿Qué cualidades consideras «raras» en los demás hasta el punto de criticarlos? ¿Qué puedes hacer para tener la mente más abierta y ser más tolerante en este sentido?

Las claves del capítulo

Es importante aceptar nuestra vulnerabilidad, y hay muchas formas de hacerlo. Ya sea admitiendo nuestros errores o tirando los muros tras los que nos escondemos, abrazar la propia singularidad y ser nosotros mismos ante los demás es el acto más valiente de todos. Hemos visto varias cosas importantes en este capítulo:

- Evaluar los comportamientos que no se alinean con tus creencias básicas puede ser un proceso desagradable, pero también es la forma más rápida de reencauzarte y convertirte en la mejor versión de ti mismo.
- Una forma eficaz de cambiar tu mentalidad ante el dolor del rechazo es verlo como una oportunidad de encontrar un camino más compatible con tu esencia. El mantra «Solo quiero en mi vida aquello que me corresponda» puede ayudarte a adoptar esta actitud.
- Todos hemos escuchado el dicho que afirma que hay que ser muy sabio para admitir que nos equivocamos. Aprender a responsabilizarte de tus errores, y acostumbrarte a hacerlo, te ayudará a seguir creciendo como persona.
- Mostrarte ante el mundo tal y como eres es una declaración de amor propio que te abre muchas puertas, mejora tus relaciones y refuerza la confianza en ti mismo.

DIARIO DE TRABAJO

¿Concibes la vulnerabilidad como una fortaleza o una debilidad? ¿Por qué? En tu infancia, ¿cómo reaccionaban los adultos que te rodeaban ante las muestras de vulnerabilidad? ¿Cómo han influido sus opiniones en tu propio punto de vista?

¿En quién confías lo suficiente como para mostrar tu lado vulnerable? ¿Por qué? ¿Con quién no sientes la seguridad para hacerlo? ¿Por qué?

En tu infancia, ¿cómo solías responder? ¿Y cómo expresabas tus emociones? ¿Cómo reaccionaban los adultos que te rodeaban cuando expresabas dichas emociones? ¿En qué se parecen tu forma infantil y tu forma adulta de expresar y procesar las emociones?

¿Sentías que se te escuchaba en tu infancia? ¿Cómo actuaban los adultos cuando expresabas ideas, pensamientos, sentimientos o preocupaciones? ¿Cómo te hubiera gustado que hubieran respondido? ¿Qué te hubieran hecho sentir esas respuestas? ¿Qué impacto ha tenido todo esto en tu vida adulta?

El psicoanalista Carl Jung afirmaba que los secretos de nuestras sombras se revelan en los sueños, donde el subconsciente los expresaba simbólicamente. Lo ideal para registrar los sueños es escribirlos al momento de despertarse. Para poder hacerlo, pon al lado de tu cama una pluma y el libro abierto en esta página. Al despertar, anota todos los detalles que recuerdes de tu sueño: quién aparecía, qué sucedía y por qué, así como cualquier objeto o símbolo que te resulte significativo.

¿Qué crees que significan los sueños que tienes? ¿Cuáles sientes que son sus características más importantes? ¿Qué reflejan de tu vida?

Casi todo el mundo ha tenido al menos una vez un sueño recurrente. Escribe aquí uno que hayas tenido tú. Conforme des detalles, reflexiona acerca del posible significado que pueda tener. Confía en tu intuición y escribe sin cuestionarte mucho lo que expresas.

a belleza del trabajo de sombras reside en el interminable proceso que ɹpone el autodescubrimiento. Atreverte a ser vulnerable mientras exploras ɹ lado oscuro expandirá tu mente y tu alma inmensamente. Al decidir brazar tus sombras desde la honestidad y la sensibilidad, ¿qué resultados speras ver en ti?

CAPÍTULO 4

ENFRÉNTATE A TU PROPIA OSCURIDAD DESDE LA AUTOACEPTACIÓN Y LA AUTOCOMPASIÓN

Uno de los temas vertebrales de este libro es aprender a conectar con nuestro lado oscuro desde una mentalidad amable, compasiva y de autoaceptación. Esto requiere explorar muchas capas de pensamiento condicionado para descubrir ideas subconscientes ocultas y obsoletas. Este examen te permitirá llegar a un punto en el que conviertas la autoaceptación en un mecanismo sistemático.

Las narrativas subconscientes sobre experiencias dolorosas, como la vergüenza, suelen estar profundamente arraigadas en nuestra mente, por lo que debes resolverlas para lograr creerte de verdad digno de recibir amor, tanto propio como externo. El cambio llega cuando eres capaz de enfrentarte a tu yo en las sombras, formado con la aceptación no solo de tus defectos y miedos, sino también de tu pasado. La oscuridad te ofrece la mejor oportunidad posible para crecer. Comprender esto te libera de las dudas que puedas albergar y te permite apreciar genuinamente las luces y sombras que forman parte del todo que eres.

A lo largo de este capítulo trabajaremos esta dualidad, además, iluminaremos tus sombras con paciencia y amabilidad. No te preocupes: poco a poco, la incomodidad que te produce trabajar en tu autoconocimiento irá desapareciendo.

CÓMO LA AUTOACEPTACIÓN NOS AYUDA A SANAR

Tanto la vergüenza como la inhabilidad de perdonarte a ti mismo pueden llevarte a sentirte estancado y a caer en un círculo vicioso de autosabotaje, lo que te dificultará llevar un estilo de vida saludable. Esto suele deberse a un bloqueo subconsciente que se manifiesta a través de una narrativa interna de autoaversión, la cual nos convence de que no tenemos ningún valor.

Veamos el caso de Elizabeth. Ella era una víctima de abuso sexual infantil. Creció creyendo que había algo inherentemente malo en ella. Recurría a las drogas y al alcohol para silenciar sus emociones, su dolor y sus pensamientos intrusivos, dejándose llevar por un estilo de vida caótico y conflictivo.

Finalmente, desesperada por la crudeza de su devenir, decidió profundizar en los abusos que había sufrido de niña. En el instante en el que empezó, se dio cuenta de cómo sus heridas no resueltas la llevaban a hacerse daño a ella misma y a las personas que la querían. Para poder identificar esto, tuvo que enfrentarse desde la honestidad al doloroso hecho de que, al elegir anestesiar su dolor por medio del consumo de sustancias, les había causado daño y problemas a los demás.

Tras un largo trabajo verbal para procesar y aceptar sus emociones y experiencias, me inventé un juego basado en la terapia cognitivo-conductual (TCC) para ayudar a Elizabeth a desarrollar patrones de pensamiento más sanos. Con el paso del tiempo, fue capaz de perdonarse, lo que le permitió intercambiar la adicción por la sanación.

EL PODER DE LA GRATITUD

Sin la perspectiva adecuada, corres el riesgo de identificarte demasiado con tu sombra, cayendo sin querer en el arquetipo de la víctima. Recurrir a la gratitud te ayudará a mantener una mentalidad sana y positiva que te acompañará durante todo este trabajo. Por ende, es importante que incorpores a tu rutina el hábito de expresar gratitud, el cual hará que sea más fácil procesar las experiencias desagradables o traumáticas antes de que las emociones negativas tengan incluso la oportunidad de aparecer y plagar de caos tu subconsciente. Con esto no estoy aconsejándote ignorar tus emociones negativas. En cambio, sí es posible respetar tu vivencia a la vez que trabajas en ella.

Hace alrededor de un año, mi prometido y yo rompimos, y tuve que atravesar un proceso insoportable e inesperado. Ahora, con la perspectiva del tiempo, me siento agradecida por todo lo que pasó. Me permití sufrir el duelo, sentir cada emoción que me invadía, ya fuera tristeza, dolor o ira. Sin embargo, también me comprometí cada mañana a dar las gracias por lo bueno que había en mi vida. Esta práctica diaria me mantuvo aferrada a mi consciencia y principios, lo que me ayudó a tomar buenas decisiones a la vez que atravesaba el evento traumático.

En este ejercicio, quiero que pienses en una experiencia dolorosa que hayas sufrido. Luego, analiza cómo aquel proceso te hizo bien. Utiliza el espacio de abajo para escribir cualquier cosa que se te ocurra.

____

____

____

____

A pesar de todo lo que sufrí, quiero dar las gracias por ______________

____

porque me ayudó a entender ______________________

______________________________.

MATERIALIZAR LA IDEA DE LA GRATITUD

A todos los pacientes con los que trabajo les pido que incorporen el agradecimiento en su rutina diaria. Tú también deberías hacerlo. Al dedicar uno o dos momentos al día a dar las gracias, notarás que tu mente tiende cada vez más a apreciar lo bueno. Esta es una práctica muy transformadora que te hará creer en los milagros.

Necesitarás un cuaderno o diario que usarás específica y exclusivamente para esto. Cada mañana, aun antes de ver tu celular o empezar el día, apunta cinco cosas por las que estés agradecido. Profundiza en cada caso en el porqué de que te sientas así y cómo ese elemento te beneficia. Cuando hayas terminado, léelo todo en voz alta, dando las gracias conscientemente.

Por la noche, justo antes de irte a dormir, responde a estas tres preguntas en tu cuaderno:

1. ¿Cuáles tres cosas buenas me pasaron hoy?
2. ¿De qué formas me acompaña la abundancia?
3. ¿Por qué me gustaría dar las gracias?

La mayoría de la población mundial vive en sociedades que podríamos considerar muy privilegiadas comparándolas con cómo vivían nuestros antepasados, quienes labraron valientemente el camino para mucho de lo que hoy nos facilita la vida. Solemos dar por hecho cosas como el drenaje y el acceso a los alimentos, ya que estamos acostumbrados a que estén siempre a nuestro alcance. Piensa en algo que siempre hayas dado por hecho y escribe aquí abajo por qué te hace sentirte agradecido.

CONVERTIR EL AMOR PROPIO EN UN ESTILO DE VIDA

ras haber reflexionado sobre la relación que tienes contigo mismo, el nomento de indagar en qué es para ti el autocuidado y qué actividades isfrutas más. El amor propio va mucho más allá del autocuidado, pero cuando os preocupamos por cuidarnos a nosotros mismos, nos demostramos mor de una forma activa. Por lo tanto, incorporar a tu trabajo de sombras lgunas actividades de autocuidado es una manera estupenda de calmar las mociones desagradables que puedan surgir.

a siguiente lista está pensada simplemente para servirte de inspiración. usca tu propia forma de cuidarte y asegúrate de que incluyes el autocuidado tu rutina.

- ☐ Tomar una siesta
- ☐ Leer
- ☐ Descubrir una nueva afición y dedicarle tiempo de forma consistente
- ☐ Poner límites que protejan tu tiempo a solas
- ☐ Decir «no» a cosas que no te gustan hacer sin sentirte culpable por ello
- ☐ Apapacharte
- ☐ Pasar tiempo de calidad con tus seres queridos
- ☐ Mover tu cuerpo (por ejemplo, caminando, haciendo yoga o bailando)
- ☐ Beber más agua
- ☐ Dormir más horas y/o seguir una rutina de sueño saludable
- ☐ Tomarte un día libre y no hacer nada
- ☐ Hacer ejercicios respiratorios
- ☐ Meditar
- ☐ Tomar un poco el sol
- ☐ Incorporar a tu vida diaria cosas que te hagan feliz

IDENTIFICAR QUÉ ES PARA TI EL AUTOCUIDADO

¿Qué es para ti el autocuidado? En relación a este tema, ¿qué creencias limitantes tienes? Por ejemplo, ¿te sientes mal cuando te dedicas tiempo, o crees que no deberías holgazanear? ¿Cuánto priorizas el autocuidado? ¿Qué tan a menudo te das un gustito?

PONER EN PRÁCTICA EL AUTOCUIDADO

Gran parte del trabajo que te espera consiste en poner en práctica lo que ya vimos, atreviéndote a dar el primer paso. En la siguiente semana, comprométete a practicar lo aprendido realizando al menos un acto de autocuidado al día (si puedes hacer más de uno, mucho mejor). Usa el siguiente espacio para planear un miniviaje de siete días. Cuando la semana termine, pregúntate cómo te sentiste al incorporar el autocuidado en tu rutina, y escríbelo en el espacio de abajo. Te animo vehementemente a que continúes haciendo lo que te haya funcionado.

Día 1: ______

Día 2: ______

Día 3: ______

Día 4: ______

Día 5: ______

Día 6: ______

Día 7: ______

Soy un ser valioso y merezco el tiempo que dedico a mi autocuidado.

PROCESAR LAS EMOCIONES RESULTANTES DEL TRABAJO DE SOMBRAS

Algunas de las emociones que suelen aparecer al trabajar la sombra son la culpa, el duelo, la ira y la vergüenza, entre otras. En resumen, todas las emociones desagradables que preferiríamos no sentir. Sin embargo, evitarlas genera a lo largo mucho más sufrimiento, por lo que es bueno contar con herramientas para procesarlas conforme aparezcan.

Ignorarlas no es una opción. Barrerlas bajo la alfombra y pasar a otra cosa no hace que desaparezcan de verdad. Debemos trabajarlas y entenderlas para liberarnos de ellas.

La próxima vez que te invada cualquier emoción complicada, sigue estos pasos para aprender a procesarlas.

1. Reconoce que la emoción está aflorando. No intentes evitar que ocurra: permítete sentirla completamente.
2. No te juzgues ni juzgues la emoción.
3. Haz evidente tu curiosidad: pregúntate por qué apareció la emoción y qué está tratando de decirte sobre ti o sobre el momento presente.
4. Recuerda lo que ya aprendiste acerca de la raíz —del origen— de las emociones. Reflexiona sobre la causa de lo que estás sintiendo en tu diario o con un amigo.

GUÍA PARA GESTIONAR EMOCIONES INTENSAS

Paso 1: observa sin juzgar. Tus emociones son algo que sientes, pero no son quien eres. Desde el punto de vista mental, hay una gran diferencia entre decir «Soy una gruñona» o «Me siento enojada». En el primer caso, te identificas con la emoción, mientras que en el segundo simplemente reconoces su presencia. Lo más importante de este paso es no emitir ningún juicio: está bien tener emociones, incluso cuando son muy intensas.

Paso 2: identifica el origen. Las emociones —ya sean culpa o vergüenza, o situaciones más graves, como la depresión o la ansiedad— suelen tener una semilla, del mismo modo que la fiebre suele ser un síntoma de un problema de salud subyacente. Si observas la emoción desde la curiosidad, sin juzgarla ni juzgarte, podrás rastrear su fuente. Empieza analizando qué detonó la emoción o cuándo te sentiste así por primera vez.

Paso 3: sana de raíz la herida. Una vez que ya descubriste por qué te estás sintiendo de esa manera, puedes empezar a sanar la herida. Hay muchas maneras de llevar a cabo este proceso interno, dependiendo sobre todo de tu problema particular. Encontrarás muchas herramientas y ejercicios en este libro que te servirán más o menos según tus necesidades. Recuerda: si el problema te sobrepasa, está bien pedir ayuda. Y si la situación es grave, no esperes más para acudir a un profesional.

Paso 4: celebra los frutos de tu esfuerzo. Es el último paso, que consiste en enorgullecerse del trabajo duro y celebrar que la herida cicatrizó. No te quedes mucho tiempo vagando en la oscuridad. El trabajo de sombras no está pensado para ser completado de un jalón. Es un proceso que dura toda la vida y que nos ayuda a mejorar poco a poco.

Trabajar la sombra tiene aún más impacto cuando se hace paulatinamente, a medida que se necesita. Es normal sentir que se trata de un proceso interminable: hasta cierto punto, es verdad que siempre hay aspectos en los cuales profundizar. Pero debe haber un equilibrio entre la oscuridad y la luz. Descansar nos permite integrar correctamente lo aprendido. Tu estado natural es la alegría, el amor y la paz. Después de haberte esforzado tanto en cultivar esta energía, permítete disfrutarla sin problema.

IDENTIFICAR TUS REACCIONES A LAS EMOCIONES

Encierra los ejemplos que describan mejor cómo acostumbras reaccionar ante las emociones intensas.

Cuando me enfrento a una situación dolorosa, tiendo a:	Cuando algo me da vergüenza, tiendo a:	Cuando me enojo, tiendo a:
Preguntarme: «¿Por qué a mí?»	Obsesionarme con lo que hice	Insultar
Intentar aprender de la experiencia	Evitar la emoción	Irme
Encerrarme en mi mundo	Esconderme	No querer hablar
Actuar	Proyectar la emoción en los demás	Golpear
Gritar	Negar y justificar mis actos	Reaccionar rápido y sin pensar
Externalizar mis emociones	Responsabilizarme de mis actos	Tomarme un momento para elegir cómo responder
Asimilar lo ocurrido	Reírme de mí	Perder el control
Llorar	Pensar mal de mí	Derrumbarme

CONFRONTAR LOS SENTIMIENTOS

¿Cómo reaccionas cuando aparecen en ti sentimientos desagradables? ¿Cómo te gustaría confrontar las emociones intensas de aquí en adelante?

Es sano permitirse sentir plenamente las emociones. Las recibo sin juzgarlas y con curiosidad.

CULTIVAR UNA RELACIÓN SANA CON UNO MISMO

Muchos de nosotros tendemos a ser nuestros mayores críticos. Tratarnos, pues, a nosotros mismos con respeto y amabilidad, aceptando nuestras luces y sombras, es una habilidad que hay que aprender. En este ejercicio identificarás en qué aspectos necesitas centrarte para mejorar la relación contigo mismo.

Escribe aquí tres cosas que te gusten de ti:

1. ______________________________

2. ______________________________

3. ______________________________

Cuando tienes que elegir cosas que te gustan de ti, te resulta:

- ☐ Fácil
- ☐ Un poco difícil
- ☐ Difícil, pero lo termino logrando
- ☐ Todavía no se me ocurre nada

¿Cómo sueles sentirte sobre tu persona? (En una escala del uno al diez, siendo el 1 «No muy bien» y el 10, «Excelente»).

1	2	3	4	5	6	7	8	9	10

¿Cuáles son las tres cosas que más te reprochas?

1. ______________________________

2. ______________________________

3. ______________________________

¿Cómo te describirías en tres palabras?

1. ______________________________

2. ______________________________

3. ______________________________

DEJAR IR VIEJAS CREENCIAS

Fíjate en los tres reproches que escribiste en el ejercicio anterior. ¿Qué necesitas hacer para dejar de pensar así de ti? Por ejemplo, ¿necesitas perdonarte por algo que hiciste? Puede que, simplemente, seas demasiado autoexigente. ¿Cómo cambiaría tu autopercepción si dejaras ir esas creencias?

LIBERAR EL JUICIO A TRAVÉS DE LA TERAPIA COGNITIVO-CONDUCTUAL

Muchas de las creencias negativas que tenemos sobre nosotros mismos son el resultado de narrativas obsoletas que nacieron de experiencias dolorosas. A través del método cognitivo-conductual, podrás reconfigurar tu mente y adoptar una nueva y más sana mentalidad.

Como ya vimos, el cerebro siempre quiere elegir el camino conocido, por lo que si llevas pensando de determinada manera mucho tiempo, va a preferir seguir pensando así. A través de la repetición, los pensamientos se convierten en hábitos mentales. La TCC te permite reconfigurar de forma consciente tu razonamiento, creando en su lugar nuevos caminos neuronales. En tan solo veintiún días habrás adoptado un nuevo patrón de pensamiento. Básicamente, este método se basa en elegir cómo te gustaría pensar para, luego, materializar dicho patrón en tu cerebro a base de repetirlo. A mí me parece que es mágico.

Paso 1: Identifica las creencias negativas que tienes sobre tu persona.

Paso 2: Decide qué pensamientos quieres que reemplacen a los ya existentes. Deberían poderse reducir en un mantra fácil de recordar y de repetir.

Usa los mantras elegidos cada vez que notes que te estás juzgando o que estás pensando mal de ti. Al principio, tendrás que utilizar los mantras todo el tiempo, pero en cualquier momento irás recurriendo menos y menos a ellos porque tus pensamientos empezarán a inclinarse sistemática e inconscientemente hacia la positividad de dichos mantras.

Las claves del capítulo

La relación que tienes contigo mismo marca la tónica de todas las demás relaciones que tendrás en tu vida: por eso es un tema tan urgente de abordar. Cuanto más podamos querernos y aceptarnos a nosotros mismos, mejor preparados estaremos para dar y recibir amor.

- Intentar ser agradecido sienta las bases para tener una mentalidad sana y positiva, la cual te ayudará a superar las dificultades del trabajo de sombra.
- Incorporar el autocuidado a tu rutina es una manera estupenda de calmarte ante las emociones desagradables que puedan surgir al trabajar la sombra.
- Evitar las emociones intensas, como la ira, el rencor o la culpa, suele provocar mucho más sufrimiento a la larga, por lo que es vital que aprendas a procesarlas de una manera sana. El trabajo de sombras te ayudará a conseguirlo.
- Ser amable y comprensivo contigo mismo es una habilidad que debemos aprender y cultivar con dedicación para lograr construir una relación sana con el yo.
- Muchas de las creencias negativas que tienes sobre ti mismo son producto de narrativas obsoletas que nacieron de experiencias dolorosas. Puedes usar herramientas, como la TCC, para reemplazar los juicios negativos por un patrón de pensamiento más saludable.

DIARIO DE TRABAJO

Dejar ir la vergüenza puede ser muy complicado porque suele disfrazarse de pensamientos autodestructivos. Pero aferrarse a la vergüenza no nos ayuda a crecer: es un sentimiento restrictivo, no expansivo. Debido a que tiende a ir de la mano de otras emociones desagradables, como la culpa o la humillación, el ego prefiere evitar recordar el evento primigenio. Utiliza esta página para escribir acerca de una experiencia vergonzosa que hayas vivido. Después, reconoce la narrativa que tu mente creó al respecto.

¿Qué te hace falta para liberarte de las emociones que te aprisionan, como, por ejemplo, la vergüenza? ¿Necesitas acaso perdonarte por algo? ¿Quizás parar de castigarte por cosas que no fueron culpa tuya? ¿Cómo podrías ser más amable y paciente contigo? ¿Por qué crees que sigues aferrándote a esas emociones?

¿Cómo te sentirías si te permitieras liberarte de la vergüenza que te transmite cierta situación? ¿Cómo cambiaría tu forma de pensar? Intenta dejar atrás la vergüenza, ya que esta tiende a encadenarnos a nuestras antiguas versiones.

Trabajar la sombra no consiste en intentar eliminar tu lado oscuro. Tu yo en las sombras es un maestro sagrado. Cuanto más aceptes y honres todas las partes de tu ser, más aprenderás de tu oscuridad y, por ende, más mejorarás tu vida. Usa este espacio para reflexionar sobre aquellas cosas que todavía te cuesta aceptar de ti y sobre los sentimientos que te invaden al respecto.

Si cualquier persona tuviera las características o los rasgos que describiste en el ejercicio anterior, ¿te dejaría de parecer merecedora de amor? ¿Por qué sí o por qué no? Si piensas que no, ¿por qué crees que te cuesta tanto aceptar en ti algo que en los demás no? ¿Cómo podrías tratar tus imperfecciones con más amabilidad?

Todas las experiencias vividas nos enseñan lecciones que pueden mejorar nuestro devenir. Aceptar esta verdad te permitirá observar las sombras de forma que te ayuden a crecer y a sanar. ¿Qué lecciones crees que puede enseñarte tu yo en las sombras? ¿De qué modo podrías usarlas para crecer y sanar?

CAPÍTULO 5

CUESTIONA TUS CREENCIAS LIMITANTES

No creas todo lo que piensas. Una creencia no es más que un pensamiento repetido una y otra vez, hasta tal punto que lo asimilamos como verdad y nos fundimos con él. A veces, las creencias son producto del pensamiento condicionado y pueden nacer de experiencias dolorosas.

No solemos ser conscientes de lo que ocurre en las narrativas de las profundidades del subconsciente. Aun así, estas afectan de forma muy significativa nuestra vida, convirtiéndose en los lentes a través de los que analizamos todo y, por lo tanto, alteran cómo nos sentimos sobre nosotros mismos, los demás y el mundo que nos rodea. Si las corrientes que navegan tu subconsciente son autodegradantes, pesimistas o autodestructivas, te encontrarás atrapado en patrones tóxicos de los que sentirás que no puedes escapar.

En este capítulo, te guiaré hacia la luz, y lo haré ayudándote a desenterrar los pensamientos subyacentes que moldean tu vida, para que puedas volver a ser quien lleve el volante consciente e intencionadamente. Parte del trabajo vital que debes hacer en las sombras implica esclarecer tus creencias limitantes y reescribir tu propia historia, que es precisamente lo que aprenderás a hacer en las páginas siguientes.

CÓMO LAS CREENCIAS LIMITANTES MOLDEAN NUESTRAS EXPERIENCIAS

Como *coach*, ayudar a mis pacientes a identificar y cuestionar sus creencias limitantes es una gran parte de mi trabajo. Uno de los bloqueos más comunes gira en torno al dinero, así que, naturalmente, muchos de mis pacientes acuden a mí para que les ayude a reprogramar su pensamiento condicionado y a adoptar una mentalidad de abundancia.

El de Tracy es un buen ejemplo. Al principio, solicitó mis servicios porque estaba lidiando con el síndrome de la impostora, al que culpaba de estar impidiéndole triunfar en su trabajo. Para aquellos que no conozcan el concepto, este síndrome nos hace creer que somos un fracaso, lo cual deteriora nuestra autoconfianza y, por ende, nos impide liberar todo nuestro potencial, haciéndonos sentir pequeños.

Tras un par de sesiones juntas, me di cuenta de que había que profundizar mucho más en la mentalidad de Tracy. Tenía una creencia limitante muy arraigada que la tachaba de egoísta y avariciosa, y que, en general, le hacía percibir el dinero como algo malo. Obviamente, esta mentalidad no es de mucha ayuda para alguien que intenta crear un negocio. Aclaramos juntas esta creencia limitante utilizando una herramienta de mi autoría que te compartiré en un momento. Cuando llegamos a la raíz de su síndrome de la impostora, trabajamos en cambiar ese prejuicio sobre el dinero, hasta que paulatinamente Tracy se fue sintiendo más segura de sí misma y confiando en su trabajo. Aquel nuevo punto de vista le permitió por fin obtener beneficios y, como resultado, su negocio floreció en todos los aspectos.

ESCLARECER EL PENSAMIENTO CONDICIONADO

El primer paso para trabajar la mentalidad es observar tu raciocinio actual sin emitir ningún juicio al respecto. Después de todo, ¿cómo vas a saber por dónde empezar si no sabes dónde te encuentras? Debido a que la gran mayoría de nuestros pensamientos se dan en nuestro subconsciente, puede resultar difícil identificar qué está pasando exactamente. Por suerte, todos tenemos una herramienta innata que puede ayudarnos a esclarecer el asunto: las emociones.

Tus emociones son la puerta a tu subconsciente. Fijándote en tus cambios emocionales y deteniéndote a explorarlos, puedes empezar a iluminar las sombras de tu mente. Dedica por lo menos una semana a observar y a anotar todo lo que percibas. Hacer esto te ayudará a reconocer rápidamente cualquier patrón o tema común. Recuerda no emitir juicios de valor: aborda este ejercicio desde la curiosidad. Trabajarás tres preguntas básicas que nos darán pistas de tu estado emocional.

Utiliza la siguiente tabla para completar la actividad. Como lo ideal es que registres varias observaciones al día, quizás prefieras reproducir esta tabla en tu diario o en un cuaderno. No te preocupes aún por cambiar o reajustar tu mentalidad. En este momento, se trata simplemente de observar. Nada más.

¿Qué cambio emocional notaste?	Si es el caso, ¿qué factores externos lo provocaron?	¿Qué pensaste cuando ocurrió el cambio emocional?

REESCRIBIR TU PROPIA HISTORIA

No intentes hacer este ejercicio hasta que hayas pasado al menos una semana poniendo atención a tus cambios emocionales y registrándolos. Una vez que hayas completado la actividad anterior, deberías tener claro en qué aspectos necesitas centrar tu atención. El siguiente paso es reescribir tu historia, creando una narrativa que te sirva de apoyo. Procesa los nuevos patrones de pensamiento de uno en uno para asegurarte de que los integras de verdad. Este proceso puede llevar varias semanas e incluso meses de trabajo.

¿Qué creencias limitantes o narrativas tóxicas descubriste tras haberte estado observando?

Por ejemplo, *la creencia limitante de Tracy era que el dinero no traía consigo nada bueno, por lo que estaba mal que quisiera ganar más.*

Ahora es el momento de reescribir esas narrativas. Cuando termines, relee de forma regular lo que hayas escrito para procesar e integrar el nuevo patrón de pensamiento en tu subconsciente.

Por ejemplo, *la nueva narrativa en la que Tracy y yo trabajamos consistía en que ella necesitaba que su trabajo prosperara para poder ayudar a su vez a más gente, y que sus necesidades debían quedar cubiertas para poder atender a sus pacientes de forma saludable. También afirmaba que era bueno para ella ganar más dinero porque lo usaba positivamente, lo que la beneficiaba a ella, a su familia, a sus pacientes y a su comunidad.*

Elijo contemplar mis pensamientos sin juzgarlos, observándolos desde el amor, la aceptación y la curiosidad.

MENTALIDAD DE CRECIMIENTO VERSUS MENTALIDAD RÍGIDA

La gente con mentalidad de crecimiento confía en que puede mejorar sus habilidades con tiempo y esfuerzo. Tienden a concebir el fracaso como una oportunidad de aprender; son conscientes de la importancia de la constancia y la determinación en la persecución de nuestros objetivos, y, además, están dispuestas a explorar nuevas ideas y nuevos conceptos.

Lo opuesto a una mentalidad de crecimiento es una mentalidad rígida. Las personas con mentalidad rígida tienen la creencia limitante de que no pueden ir más allá de sus circunstancias para conseguir lo que desean, lo que frena su desarrollo personal. Este ejercicio te ayudará a identificar cómo es la tuya. Encierra aquellas declaraciones que *mejor* describan tu actual forma de pensa

Mentalidad de crecimiento	Mentalidad rígida
Creo que los errores son una oportunidad para aprender y mejorar.	Cuando me equivoco, me desmotivo e incluso me invade la vergüenza.
Me gusta enfrentarme a retos.	Me sobrepasan los retos, por lo que intento evitar tareas y objetivos difíciles.
Los éxitos de los demás me inspiran.	Siento que el éxito de los demás despierta mis miedos y celos.
Me parece bien valorar nuevas ideas aunque quizás contradigan mi sistema de creencias actual.	Me importa mucho tener la razón, por lo que no suelo valorar otros puntos de vista.
Agradezco las críticas constructivas.	Tiendo a considerar las críticas constructivas como un ataque.
Disfruto emprendiendo proyectos complicados y acostumbro fijarme objetivos ambiciosos.	Suelo evitar situaciones en las que me invada la inseguridad o sobre las que no tengo suficiente información.
Me han derribado muchas veces, pero siempre me levanto y sigo adelante.	En cuanto siento que no estoy avanzando, dejo a medias proyectos o interrumpo la persecución de mis objetivos.
Me motivo con facilidad.	Para motivarme necesito validación externa.
Cuando algo no sale como quiero, me adapto y busco soluciones.	Cuando las cosas no resultan como a mí me gustaría, tiendo a rendirme.

ECONOCER LECCIONES APRENDIDAS

:iliza esta página para escribir acerca de un error que cometiste en el pasado.)ué aprendiste de aquella experiencia? ¿Cómo te ayudó a seguir adelante? 'e ha aportado algún nuevo punto de vista?

ACEPTAR EL DESAFÍO

Este ejercicio te ayudará a cultivar una mentalidad de crecimiento a base de asumir desafíos. Comprométete a enfrentarte a un nuevo reto o a un nuevo objetivo cada semana durante las próximas seis semanas. Al inicio de cada una, decide cuál desafío o meta vas a enfrentar. Escríbelos aquí.

	Desafío o meta
Semana 1	
Semana 2	
Semana 3	
Semana 4	
Semana 5	
Semana 6	

Considero los obstáculos una oportunidad de crecimiento.

TRABAJAR EL EGO

En la base de nuestras creencias limitantes se encuentra el ego, aterrado. Construir una relación sólida con tu ego mientras aprendes a calmarlo y a aliviarlo te ayudará a romper con tus creencias limitantes de una manera orgánica y afectuosa. Pero primero debes ser capaz de identificar tus miedos. Usa este espacio para escribir acerca de ellos o para dibujarlos. (Puedes tener, por ejemplo, miedo al rechazo o al fracaso).

'RES PASOS PARA CALMAR TU EGO

;sta herramienta te ayudará mucho cada vez que te sientas alterado, ·chazado, amenazado, poco reconocido o emocionalmente dependiente, cuando quieras juzgar a los demás.

aso 1: Identifica el ego desde la amabilidad y esclarece el mensaje que tenta transmitirte. Para ello, fíjate en la respuesta que provocó en ti.

or ejemplo, imagínate que estoy enojada y avergonzada por no haber grado un ascenso para el que había trabajo duro. Envidio a la compañera ue se quedó con el puesto; de hecho, creo que ni siquiera está tan preparada omo yo para el cargo.

aso 2: Aborda el miedo subyacente preguntándole a tu ego por qué está sustado.

iguiendo con el ejemplo anterior, en realidad me asusta no ser lo uficientemente buena para mi trabajo, y me preocupa no tener ninguna tra oportunidad de ascender.

aso 3: Tranquiliza tu ego.

unque el no lograr el ascenso me haya causado una gran decepción, no es n indicador de mi valor. Lo que tenga que ser para mí, lo será, así que puedo arle la vuelta a la página sabiendo que habrá mejores oportunidades más delante.

CAMBIAR EL DIÁLOGO INTERNO

La forma en la que nos comunicamos es un buen indicio de nuestro diálogo interno. Por ejemplo, una persona que tiende a afirmar que no puede hacer algo seguramente tenga una creencia limitante sobre su capacidad para triunfar. Igual que es probable que alguien que siempre se ríe sarcásticamente de sí mismo tenga una mala autoestima. Analizar el tono que usas y las palabras que eliges para expresarte es una manera maravillosa de descubrir creencias limitantes subconscientes. A continuación, te dejo una lista de afirmaciones limitantes. En el espacio contiguo, reformula las oraciones para convertir tu diálogo interno en uno más positivo.

Afirmaciones limitantes	Reformulaciones
Por ejemplo: «No puedo...».	*Por ejemplo: «Todo es posible con trabajo duro, un buen plan y dedicación».*
¿Para qué me molesto en hacerlo? ¿Qué sentido tiene?	
¿Qué más da?	
Odio...	

Afirmaciones limitantes	Reformulaciones
¡Estoy hasta el gorro!	
Es demasiado difícil...	
No hay tiempo suficiente. No lo lograré.	
La vida es complicada...	

TU NARRATIVA INTERIOR

¿Qué afirmaciones limitantes sueles usar tú? ¿De qué manera crees que reflejan tu narrativa interior? ¿Cómo puedes reformularlas para mejorar tu diálogo interior?

MEDITAR USANDO AFIRMACIONES POSITIVAS

El objetivo de este ejercicio es calmar tu diálogo interno a través de la respiración. Pon un temporizador de tres a cinco minutos y sigue las siguientes instrucciones.

Inhala a través de la nariz contando hasta cinco; luego, exhala lentamente —también a través de tu nariz— contando hasta seis. Alargar más la exhalación que la inhalación es para tu cerebro una señal de bajar el ritmo y ralentizar el sistema nervioso.

Cuando ya hayas dedicado unos minutos a concentrarte en tu respiración y a tranquilizarte, empieza a repetir una serie de afirmaciones positivas en voz alta o en silencio. Puedes usar estas que te dejo aquí o crear las tuyas.

- La vida es más fácil de lo que parece: depende de mi actitud.
- Me quiero y me valoro.
- Me merezco todo aquello que deseo.
- Puedo conseguir todo lo que me proponga.
- Lo que tenga que ser para mí, lo será.
- Me gusta estar donde estoy y tengo ganas de descubrir adónde me dirijo.
- Tengo mucho que agradecer.
- La vida se me presenta llena de belleza cuando la contemplo de esa manera.
- Mi vida depende de mí.
- Hay bondad en el mundo.
- Confío en la virtud de los demás.
- Cuento con el apoyo de quienes me quieren.
- ______________________
- ______________________
- ______________________
- ______________________

Las claves del capítulo

Esclarecer y afrontar tus creencias limitantes es una constante a lo largo de toda la vida, ya que nuestra mente genera continuamente ideas sobre aquello que experimentamos. Al respecto, los puntos clave del capítulo fueron los siguientes:

- A la hora de trabajar la mentalidad y la actitud, el primer paso siempre es observar la mentalidad actual sin emitir ningún tipo de juicio. Esta autoevaluación te mostrará aquello que debes abordar.
- Tus emociones son la puerta a tu subconsciente. Fijándote en los cambios emocionales que experimentas y deteniéndote a analizarlos, podrás identificar los pensamientos subyacentes.
- Las personas que poseen una mentalidad rígida suelen tener la creencia limitante de que no pueden ir más allá de sus circunstancias y patrones de pensamiento actuales.
- Las personas que tienen una mentalidad de crecimiento tienden a creer que pueden mejorar en cualquier aspecto invirtiendo tiempo y esfuerzo.
- En la base de tus creencias limitantes se encuentra el ego, aterrado. Construir una relación sólida con tu ego te permitirá reformular las ideas a las que se aferra.
- La forma en que te comunicas es un buen indicio de tu diálogo interior. Analizar el tono que usas y las palabras que elijes para expresarte te ayudará a descubrir afirmaciones limitantes subconscientes.

Diario de trabajo

Hablar con tu ego puede ayudarte a conocerlo mejor sin sentir que es parte inherente a ti. Se suele percibir el ego como algo malo, pero, en realidad, ha contribuido a que el ser humano sobreviva como especie. Así que deberíamos sentirnos afortunados de tener esa vocecita que, a pesar de ser un fastidio, solo intenta protegernos. Depende de ti limitarlo, convenciéndolo de que eres capaz de tomar decisiones seguras y sensatas. A continuación, escríbele a tu ego una carta de amor. Especialmente en la última parte, recuerda mandarle a tu ego un mensaje tranquilizador y amable.

Hola ______________________________ [nombre de tu ego],

Gracias por intentar protegerme siempre. Entiendo que te preocupas por ______

____

____.

Sin embargo, quiero que sepas que ________________________

____

____

____

____.

Con amor,

____ [tu nombre]

El ego utiliza la comparación como herramienta para reafirmarse, lo que a menudo despierta en nosotros sentimientos de no ser lo suficientemente buenos o válidos. Este tipo de narrativa, ¿suele afectarte? ¿Necesitas validación externa para sentirte una persona valiosa? ¿Cuál crees que es el miedo que subyace a esta sensación?

Una persona que siente que necesita beber alcohol para socializar puede actuar así debido a la creencia de que no es tan divertida sobria, por lo que a los demás no les caerá bien. Ese pensamiento limitante provoca que siga bebiendo —o emborrachándose— en eventos sociales. Este es un ejemplo de cómo las creencias limitantes nos atrapan en círculos viciosos. Ahora fíjate en la conducta tóxica que identificaste en el ejercicio anterior. ¿Qué creencia limitante piensas que se esconde detrás de ella?

dentifica en tu vida algún círculo vicioso. ¿Cuándo apareció por primera vez? ¿Qué consecuencias negativas tiene en tu día a día? ¿Y qué beneficios te aporta? ¿Satisfacción instantánea, por ejemplo? ¿Te ayuda a silenciar alguna emoción desagradable? ¿Despierta en ti la euforia o el placer?

¿Cuáles son los pensamientos intrusivos que más sueles tener?

¿Estos pensamientos intrusivos te afectan física o mentalmente? Si es así, ¿cómo?, ¿dónde? ¿Te provocan malestar mental, generándote ansiedad o deprimiéndote?

¿Qué miedo (o miedos), dolor o trauma están detrás de esos pensamientos intrusivos? ¿Podrías crear una nueva narrativa para combatirlos? Usa esta página para reformular esas afirmaciones limitantes y recuperar el control de tu propia historia. Por ejemplo, si alguna vez alguien te dijo que no eras una persona lo suficientemente buena en algo, y tu mente creó toda una narrativa que reafirmaba esas palabras, reformula ahora ese punto de vista escribiendo todo aquello que te hace ser una persona valiosa.

Escribe tres creencias limitantes que tengas y, después, tres mantras positivos que las contradigan. Por ejemplo, si sueles decirte: «No sirvo para ser líder», repítete constantemente el mantra: «Puedo aprender a desempeñar bien cualquier tarea que me proponga». Ya que hayas completado el ejercicio, utiliza el mantra correspondiente cada vez que alguna de tus creencias limitantes aparezca por ahí.

CAPÍTULO 6

Escucha a tus emociones

Una verdad incómoda que a muchos nos cuesta asimilar es que los desencadenantes emocionales reflejan nuestras heridas internas, señalándonos aquello que necesita sanar. Aunque es más fácil echarle la culpa a los demás por cómo nos sentimos o por cómo reaccionamos, en realidad los responsables de ambas cosas somos nosotros. Por ejemplo, no es culpa de alguien que te enojes. Puede que esa persona haya hecho algo que te molestó, pero eres tú quien decide reaccionar o responder y, en cualquier caso, cómo hacerlo. Cuando relegamos este poder de decisión en los demás, estamos cediéndoles el control, quedándonos a merced de fuerzas externas. El único comportamiento que cualquiera de nosotros puede controlar es el propio. Con frecuencia desperdiciamos tiempo y esfuerzo intentando adaptar el comportamiento de los demás a nuestras expectativas; por ende, cuando «nos decepcionan» simplemente por actuar diferente a lo esperado, nos ofendemos.

A lo largo de este capítulo indagaremos en tus detonantes emocionales para descubrir las heridas que ocultan, y también aprenderemos a verlos como una herramienta para conocerte mejor. Con tiempo y práctica, sabrás escuchar a tus emociones, logrando al fin gestionarlas.

COMPRENDER QUÉ DESENCADENA UNA EMOCIÓN TE AYUDARÁ A GESTIONARLA

Kathy se autodescribía como una «controladora compulsiva», y también la concebían de la misma forma sus amigos, compañeros de trabajo y sus tres hijos, ya adultos. Para ella era muy importante pasar tiempo con su familia, sobre todo con sus nietos, por lo que le encantaba realizar cada domingo una comida familiar en su casa. Aun así, al final de la reunión se notaba irritada, lo que derivaba en frustración y decepción. Básicamente, lo que ocurría era que Kathy siempre tenía expectativas de cómo quería que fuera el día: esperaba que los niños jugaran en el jardín mientras los hombres veían algún partido en la tele y las mujeres la ayudaban en la cocina. Pero las cosas raramente salían como ella deseaba.

Cuando me confesó lo frustrada y decepcionada que se sentía, le pregunté por qué se esforzaba tanto en que las reuniones familiares siguieran ese patrón. Me dijo que se sentía culpable de que sus hijos no hubieran contado con una figura paterna durante gran parte de su infancia después de que su marido y ella se divorciaran. Kathy atesoraba un recuerdo maravilloso de sus padres y del ambiente de su casa natal, por lo que buscaba desesperadamente dar eso mismo a sus hijos. Controlar los comportamientos de todos los miembros de la familia durante las reuniones era su forma de intentar recrear aquella estampa infantil perfecta. Cuando por fin encontramos la causa de su control impulsivo, Kathy pudo liberarse de la culpa y dejar que las reuniones familiares fluyeran sin depender de un resultado concreto.

IDENTIFICAR TUS DETONANTES EMOCIONALES

Entre un detonante emocional y tu respuesta hay espacio para la pausa. Por desgracia, como las emociones son tan intensas, la mayoría no aprovechamos ese tiempo tan valioso y reaccionamos o actuamos impulsivamente, avivados por una energía reactiva. Si nos dejamos llevar por estas reacciones, dejando de lado nuestras convicciones al respecto, luego suele invadirnos la culpa o la vergüenza. Para acceder a ese espacio y empezar a responder en vez de a reaccionar, debemos practicar la pausa. Comencemos identificando los detonantes emocionales que más experimentas, usando para ello la observación.

Situaciones o temas que me despiertan emociones	Qué emociones provocan	Notas
	☐ Enojo ☐ Culpa ☐ Vergüenza ☐ Frustración ☐ Tristeza ☐ Ansiedad ☐ ________	
	☐ Enojo ☐ Culpa ☐ Vergüenza ☐ Frustración ☐ Tristeza ☐ Ansiedad ☐ ________	
	☐ Enojo ☐ Culpa ☐ Vergüenza ☐ Frustración ☐ Tristeza ☐ Ansiedad ☐ ________	

RESPONDER VERSUS REACCIONAR

Aprender a autorregularte te permitirá ser menos reactivo, ya que es más fácil que nos alteremos cuando el sistema nervioso está desregulado. Esto significa que la parte más primitiva de nuestro cerebro —aquella que activa la respuesta de lucha o huida— es la que dirige. Cuando el sistema nervioso se reequilibra, esa parte vuelve a apagarse, dejando de nuevo el mando en manos del lóbulo frontal, el responsable de la lógica, la planificación y la toma de decisiones.

La autorregulación no es algo difícil de conseguir, pero sí que precisa de constancia para convertirse en un hábito. Podemos controlar qué partes de nuestro cerebro están activas según qué músculos tenemos en tensión. Escanea mentalmente tu cuerpo de cinco a diez veces al día, de la cabeza a los pies, cuando observes dónde hay tensión para, luego, concentrarte en relajar esos músculos en concreto. Realiza diariamente esta práctica durante al menos tres semanas, después de eso habrás integrado el hábito. Tanto antes de empezar el ejercicio como cuando ya esté terminado, anota cómo te sientes.

¿Cómo sueles reaccionar cuando te alteras? Identificar tu forma de reaccionar es vital para trabajar las conductas tóxicas. ¿Cuál fue la última situación que te alteró de alguna manera y cómo la gestionaste? ¿Podrías haber reaccionado mejor? ¿Cómo?

CREAR UNA ESTRATEGIA PARA PRACTICAR LA PAUSA

Planificar la forma ideal de gestionar las emociones antes de confrontarlas te ayudará a ser menos reactivo. Por ejemplo, puede que lo que más te sirva sea estar un tiempo a solas y calmarte antes de decidir cómo responder, o quizás te convenga concentrarte en tu respiración para calmar las emociones que te invadan. Escribe aquí cómo quieres responder en ese tipo de situaciones.

¿Qué situaciones u otros detonantes son los que más te cuesta gestionar? ¿Por qué crees que es así? ¿Se relaciona esto con algún trauma?

Cuando elijo responder en lugar de reaccionar asumo el control de mis actos.

UTILIZAR LOS SENTIDOS PARA GESTIONAR LAS EMOCIONES

Ser conscientes de lo que nos rodea es una técnica que se usa para reconectar con nuestro cuerpo y tomar distancia de las emociones que no sabemos gestionar. Cuando mejor funciona esta práctica es cuando nos sentimos enojados, disociados o ansiosos.

La próxima vez que algo te sobrepase, detente durante un momento y trata de encontrar:

- Cinco cosas que puedas ver.
- Cuatro cosas que puedas tocar.
- Tres cosas que puedas escuchar.
- Dos cosas que puedas oler.
- Una cosa que puedas saborear.

Cuando algo te altera, ¿cómo se refleja físicamente en tu cuerpo? ¿Hace que se te acelere el corazón, que se te forme un nudo en la garganta, que aprietes las manos? Observar cómo te afectan físicamente las diferentes emociones te permitirá identificar en qué partes del cuerpo almacenas cada una, lo que te ayudará a liberar esa energía.

RASTREAR EL ORIGEN DE LOS DETONANTES EMOCIONALES

Saber cuál es la semilla de un detonante emocional te permite sanar dicha herida de raíz. ¿Recuerdas el primer ejercicio de este capítulo, aquel en el que tuviste que identificar qué situaciones o aspectos despiertan en ti emociones intensas? En esta actividad necesitarás guiarte de aquella lista. Utiliza las siguientes preguntas para rastrear el origen de cada detonante, trabajándolos de uno en uno.

¿Qué provoca la emoción?

Por ejemplo: *«Me molesta ver a gente bailando en las redes sociales».*

¿Cómo te hace sentir?

Por ejemplo: *«Me irrita, e incluso a veces llego a enojarme».*

¿Por qué crees que te ocurre esto?

Por ejemplo: *«Creo que me gustaría tener la suficiente autoconfianza para ser yo misma, sin preocuparme por lo que los demás puedan pensar, así que me pongo celosa cuando veo a otras personas dejándose llevar tan libremente».*

¿Cuándo y por qué crees que surgió este desencadenante?

Por ejemplo: *«De niña, me decían con frecuencia que era demasiado intensa. Este mensaje constante provocó que me empezara a sentir rara o diferente, lo que me creó inseguridades. Crecí con miedo a lo que otros pudieran pensar de mí si mostraba abiertamente esa parte de mi personalidad».*

Mis emociones son una fuente de sabiduría. Escucharlas me permite saber qué partes de mí necesitan sanar.

PONER A PRUEBA LO APRENDIDO

Hay veces que los detonantes emocionales son sanos, porque nos sacan de la zona de confort y nos hacen reflexionar. Cuando nos atrevemos a aprender de aquello que nos altera, entrenamos la capacidad de gestionar las emociones. E este ejercicio, deberás ponerte a prueba enfrentándote intencionadamente a una situación que te provoque reacciones desagradables y utilizando algunas de las herramientas aprendidas en este capítulo. Después, describe aquí la experiencia.

Al exponerte a propósito a un detonante emocional, ¿qué dificultades has confrontado? ¿Qué herramientas te han funcionado mejor para gestionar la situación?

RACTICAR LA EMPATÍA

uchos de nuestros detonantes emocionales los provocan actitudes y
omportamientos ajenos, sobre todo debido a cómo los percibimos y a que
ormalmente nos los tomamos personales. Cuando nos esforzamos por ser
nables y empáticos, poco a poco nos deja de molestar lo que hagan los
emás. La realidad es que muy pocas veces actuamos para herir o atacar
alguien de forma explícita. Por ejemplo, si una persona termina seca y
ipidamente una llamada, puede que se deba a que está preocupada porque
ı hijo está enfermo y desea irse corriendo a ver cómo se siente. Tanto este
ercicio como el siguiente te ayudarán a ser más empático con los demás.

Escribe aquí tres personas que suelen alterarte. Detalla también los porqués
las emociones que te provocan.

EMPATIZAR A TRAVÉS DE LA MEDITACIÓN *METTA*

La meditación *metta* —también llamada «meditación compasiva»— puede resultar todo un desafío si hay alguien en nuestra vida que tiende a alternarno Elije una de las tres personas sobre las que escribiste en el ejercicio anterior, y después, busca un sitio cómodo en el que nada ni nadie vayan a interrumpirte. Cierra los ojos, relaja el cuerpo y concéntrate en tu respiración. En el momento en que sientas que te relajaste completamente, piensa en la persona elegida. Luego, repite las siguientes afirmaciones en orden cinco veces, y llena las líneas en blanco con el nombre de la persona. Esta es una práctica poderosa que llenará de luz tu corazón.

- Le mando a ______________________ amor.
- Deseo que ______________________ encuentre paz.
- Deseo que ______________________ sea feliz.
- Deseo que ______________________ tenga una vida abundante y próspera.
- Elijo tratar a ______________________ con cariño y amabilidad.

Las claves del capítulo

Espero que este capítulo te haya servido para ver con otros ojos a la gente, los temas y las situaciones que detonan en ti emociones intensas. Ahora es el momento de celebrar tu recién adquirida autoconfianza a la hora de enfrentarte a tus detonantes emocionales. Recuerda que cuanto más los confrontes, más capaz serás de gestionarlos y sanar. Aquí te dejo un resumen de lo fundamental de este asunto:

- Los detonantes emocionales te enseñan qué heridas internas necesitas trabajar. Fíjate en ellos desde la curiosidad para aprender a gestionarlos.
- Cuando el sistema nervioso se desregula, es más fácil que algo te afecte. A través de la práctica de la autorregulación, aprenderás a ser menos reactivo. La mejor manera de lograrlo es centrar la atención en los músculos y relajar intencionadamente aquellos que estén tensos.
- Es importante que tengas preparado un plan sobre cómo quieres gestionar los temas, individuos y situaciones que despiertan en ti emociones desagradables. De esta forma podrás responder en vez de reaccionar.
- Dedicar tiempo y esfuerzo a analizar la fuente de tus detonantes emocionales es la mejor manera de sanarlos de raíz.
- Muchos de tus detonantes emocionales nacen de comportamientos ajenos y de cómo juzgas las acciones de los demás. Cuando te esfuerzas por ser empático y compasivo, dejas espontáneamente de fijarte tanto en las conductas ajenas.

Diario de trabajo

Es fácil desmotivarnos cuando malgastamos energía en experiencias pasadas y otros detonantes emocionales, aunque puede que ni siquiera te des cuenta de cuánta energía dedicas al enfrentarte con ellos. Digo «malgastamos» porque nadie ni nada puede quitarte energía sin tu consentimiento: se trata de una elección, ya sea a nivel consciente o inconsciente. Repítete el siguiente mantra mientras inhalas y exhalas, concentrándote en recuperar esa energía perdida.

«Convoco de vuelta a mi cuerpo y mente toda energía que haya regalado consciente o inconscientemente».

Después, usa el siguiente espacio para crear mantras propios que te motiven y afirmaciones a las que puedas aferrarte cuando lo necesites.

Para mí, el empoderamiento significa ______________________________

____.

Cuando más empoderamiento siento es cuando ________________________

____.

Me doy cuenta de que pierdo el control cuando me invaden emociones

como ____

____.

y tiendo a reaccionar ____

____.

Una forma mucho más poderosa de responder sería ____________________

____.

Recuerda algún momento en el que te ocurriera algo desagradable o molesto. ¿Cuáles fueron las circunstancias? ¿Cómo reaccionaste? ¿Perdiste el control o actuaste de una forma empoderadora? La próxima vez que te suceda algo similar, ¿te gustaría responder de un modo más alineado con tus principios?

Elige un detonante emocional del que hayas hablado en el ejercicio anterior, ya sea una persona, un lugar, un objeto, un tema o una situación. Ahora, reflexiona sobre la primera vez que reaccionaste de mala forma ante ese detonante en particular. ¿Cuál crees que es su fuente? Cuando hayas identificado su origen, escribe acerca de él.

¿Cuál es tu reacción más usual cuando algo te altera emocionalmente? ¿Explotas de ira? ¿Dices cosas que no querías decir? ¿Te apartas y prefieres no hablar? ¿O evitas las emociones desagradables y las escondes bajo la alfombra? Estos son solo algunos ejemplos. Identificar cómo reaccionas te ayudará a tomar consciencia de actitudes tóxicas.

Te recomiendo practicar la autorregulación antes y durante el trabajo de sombras, ya que esta te permite calmarte y abordar temas delicados con una mentalidad estable. Para regular el sistema nervioso contamos con dos categorías de métodos: los métodos endógenos (en inglés, *top-down*), en los que la calma nace del interior, es decir, buscan calmar la mente para relajar el cuerpo; y los métodos exógenos (en inglés, *bottom-up*), en los que la calma es de origen externo, es decir, buscan relajar primero el cuerpo para calmar la mente. Para practicar la autorregulación desde un enfoque exógeno, fíjate de forma consciente en la tensión que acumulas en las distintas partes del cuerpo y relaja los músculos correspondientes. Ayúdate de la siguiente lista para revisar e identificar las áreas en las que acumulas tensión. Algunas señales de tensión acumulada son apretar la mandíbula, sumir el estómago, fruncir el ceño o apretar las manos.

- ☐ Cabeza
- ☐ Frente
- ☐ Detrás de los ojos
- ☐ Mandíbula
- ☐ Cuello
- ☐ Hombros
- ☐ Espalda alta
- ☐ Espalda baja
- ☐ Abdomen superior
- ☐ Abdomen inferior
- ☐ Glúteos
- ☐ Muslos
- ☐ Pantorrillas
- ☐ Manos
- ☐ Pies

Antes de abordar cualquier tensión, reflexiona sobre tu claridad mental y bienestar emocional. Valora cómo te sientes al respecto en una escala del uno al diez, siendo el 1 la mejor opción y el 10, la peor. No le des muchas vueltas a las respuestas: déjate llevar por tu instinto y anota el primer número que te venga a la mente.

Claridad mental: ____________________

Bienestar emocional: ____________________

Ahora, respira profundamente un par de veces y concéntrate en liberar la tensión acumulada en las partes de tu cuerpo que identificaste en el ejercicio anterior. Céntrate en cada músculo durante un minuto entero. Después, vuelve a valorar cómo te sientes, de nuevo usando una escala del uno al diez. Por último, escribe qué te parece la diferencia entre el antes y el después.

Claridad mental: ____________________

Bienestar emocional: ____________________

CAPÍTULO 7

MEJORA TUS RELACIONES

Aunque trabajar la sombra se basa sobre todo en sanar traumas y reformular creencias limitantes, también consiste en analizar actitudes y pensamientos a los que recurrimos en las relaciones con los demás. Cuando te comprometes a trabajar tu interior, todas las áreas de tu vida mejoran. Como aprendes a aplicar la autoaceptación, empiezas a tratar a los demás con más respeto y empatía.

Si bien es cierto que muchas de tus relaciones mejorarán gracias a tu trabajo de sombras, también puede pasar que otras se debiliten. Cuanto más cómodo y seguro de ti mismo estés a la hora de poner límites sanos, más exigente serás en tus relaciones. Aquellas personas destinadas a estar en tu vida terminarán respetando tu recién adquirido sentido del amor propio, pero es normal que al principio les cueste acostumbrarse a los nuevos límites.

En este capítulo, estudiaremos tus conductas y patrones relacionales. Para ello, tendrás que atreverte a analizar de forma honesta cómo tus sombras afectan a las conexiones que tienes con tus familiares, amigos, parejas y conocidos.

COMPLACER A LOS DEMÁS: UNA RESPUESTA AL TRAUMA

La tendencia a complacer a los demás es una consecuencia muy típica que desarrollan quienes han sufrido un trauma infantil. Con esto no me refiero exclusivamente a un abuso o una negligencia. A veces, los traumas infantiles son mucho más sutiles. Permite que te ponga un ejemplo. Emily se crio en un hogar en el que sus padres pasaban mucho tiempo discutiendo. Su madre acudía a ella desde que era muy pequeña buscando en la relación filial el apoyo emocional que no tenía en la relación matrimonial, y Emily basó su comportamiento en intentar complacer las expectativas (poco realistas) de su madre.

Conforme los años pasaban, Emily fue construyendo nuevas relaciones, cada vez más adultas, pero arrastraba con ella la tendencia a la complacencia heredada de la dinámica que tenía con su madre. Se convirtió en una especie de camaleón: su personalidad cambiaba dependiendo de con quien estuviera. Le daba muchísimo miedo ser ella misma por lo que pensarían los demás, hasta el punto de que permitía que las opiniones ajenas moldearan su autoestima. Esto derivó en unos patrones tóxicos, sobre todo en sus relaciones románticas, lo que la hacía sentirse vacía y sola.

En el tiempo que trabajamos juntas, nos centramos en sanar aquel trauma infantil y su relación parental. Por primera vez en su vida, Emily logró tener la suficiente autoconfianza como para empezar a ser ella misma. Al final, consiguió liberarse de las cadenas que la ataban.

EVALUAR LA CODEPENDENCIA

Según el diccionario Merriam-Webster, la definición de codependencia es «una condición psicológica o relacional en la cual una persona que manifiesta una baja autoestima y un fuerte anhelo de aprobación tiene un apego malsano con otra persona, a menudo controladora o manipuladora (de forma parecida a las personas adictas al alcohol o a las drogas)».

Como nos puede suceder a todos con nuestras sombras, mucha gente ni siquiera es consciente de sus tendencias codependientes. Coloquialmente se define la codependencia como una «adicción a las relaciones», por lo que lo común es asociarla a las relaciones románticas, pero este «apego malsano» —y normalmente unilateral— se puede dar en cualquier tipo de relación.

Por otro lado, si bien es cierto que estos vínculos tóxicos suelen crearse cuando una persona necesita que la «salven» o que la «arreglen», no siempre es así. Hay muchos otros motivos que generan en nosotros una necesidad malsana de aprobación, amor, atención y aceptación por parte de una persona o personas concretas. Utiliza la tabla de la página siguiente para descubrir si tienes tendencias codependientes. Tómate todo el tiempo que necesites para valorar las opciones que se presentan y reflexionar sobre qué afirmaciones se acercan *más* a tus pensamientos, acciones y puntos de vista.

CONTINÚA→

Evaluar la codependencia (continuación)

Relaciones sanas	Tendencias codependientes
☐ Logro comunicar lo que quiero decir, incluso cuando creo que los demás pueden molestarse conmigo o sentirse decepcionados.	☐ Suelo invalidar mis sentimientos y me cuesta compartir ideas, opiniones o pensamientos, sobre todo si sé que los demás no se lo van a tomar bien.
☐ Sé poner y hacer cumplir mis límites, y entiendo que todos somos responsables de nuestros comportamientos y decisiones.	☐ Creo que cuando amas a alguien, nunca debes tirar la toalla, en ningún aspecto.
☐ Priorizo mis necesidades porque soy consciente de que es necesario cuidarse para cuidar a los demás.	☐ Pongo las necesidades de los demás antes que las mías; me esfuerzo por ayudar a la gente, aunque eso sea un sacrificio para mí.
☐ Entiendo que no soy del agrado de todo el mundo, y me parece bien.	☐ Me importa caerle bien a los demás.
☐ Aunque no me gusta discutir, no dudo en defender mis principios, a pesar de que eso pueda molestar a alguien.	☐ Evito la confrontación, incluso si para ello a veces debo silenciar mis valores y principios básicos.
☐ No me cuesta decir «no» si algo no me conviene.	☐ Me cuesta decir «no», por lo que en muchas ocasiones cedo solo por complacer a los demás.
☐ Me gusta estar ahí para los demás, pero cada uno es responsable de mirar por sus intereses.	☐ Para mí es imprescindible sentir que las personas que me rodean me necesitan.
☐ Me disculpo solo si es un perdón sincero y si me equivoqué.	☐ A veces pido perdón aunque no haya hecho nada malo.

INSPIRARSE EN RELACIONES SANAS

Buscar inspiración en otras relaciones es una práctica que, si la realizas de forma constante, te ayudará a esclarecer comportamientos saludables y no saludables, permitiéndote detectar patrones no saludables en ti mismo.

Piensa en personas de tu entorno que tengan relaciones sanas y estables. Utiliza la tabla del ejercicio anterior para saber identificar las características de una relación sana.

Cuando hayas encontrado un vínculo que te inspire, observa cómo las personas que lo mantienen hablan e interactúan entre ellas. Fíjate en todos sus hábitos y conductas sanas, así como en los beneficios que les aportan a ellos y a la relación.

Si son personas cercanas a ti con las que tengas suficiente confianza, comenta todo esto con ellos. Pregúntales cómo gestionan los conflictos, qué límites tienen y qué actividades, aficiones y grupos de amigos disfrutan al margen de su pareja. Apóyate en estas preguntas como un punto de partida, incorporándolas a tu vida conforme te sientas preparado.

La mayoría de nosotros, sin embargo, caemos en tendencias codependientes en algún momento. Ahora, piensa en una época de tu vida en la que actuaras según estos patrones malsanos. ¿Cómo te sentías? ¿Te costaba expresar tus sentimientos? ¿Por qué? ¿Cuáles fueron los miedos subyacentes que te hicieron caer en una conducta codependiente?

ESTABLECER LÍMITES CLAROS

No paramos de escuchar todo el tiempo lo importante que es poner límites sanos y respetar los de los demás, pero lo cierto es que mucha gente no sabe qué límites establecer ni cómo. Cuando esto no se tiene claro, los límites se vuelven borrosos y, por ende, son fáciles de romper o directamente ni siquiera llegan a aplicarse.

Si es tu caso, este ejercicio te será de mucha ayuda. En él, te enseñaré cosas que debes tener en cuenta, pero no dudes en ir más allá de los ejemplos aquí compartidos. Tómate tu tiempo para pensar en tus propios límites. Hay cinco grupos que debes considerar: ayúdate con la siguiente guía para trabajar en cada uno.

1. **Límites personales.** ¿Cómo te hacen sentir las muestras de afecto en público? ¿Te parece bien que tu pareja te dedique muestras de afecto (no sexuales) espontáneas, sin avisarte ni preguntarte, o prefieres ser tú quien solicite este tipo de contacto físico? ¿Hay momentos en los que no te gusta que te molesten, como cuando estás en el baño o trabajando? ¿Cuánto tiempo a solas necesitas para sentirte bien?

2. **Límites sexuales.** En el ámbito sexual, ¿qué cosas no quieres hacer bajo ningún concepto? ¿Con qué personas te gusta mantener relaciones sexuales y en qué condiciones? Por ejemplo, ¿necesitas que haya de por medio una relación romántica o estás cómodo acostándote con alguien en la primera cita? ¿Qué te ayuda a confiar en tus parejas sexuales? ¿Qué necesitas para que las relaciones íntimas te resulten cómodas? ¿Tus relaciones deben basarse en la monogamia o tienes un punto de vista menos convencional de lo que constituye una relación sana?

3. **Límites económicos.** ¿Te sientes a gusto prestando o pidiendo prestado dinero a tus familiares o amistades? ¿Hay gente a quien prefieres no prestárselo? ¿Por qué? Respecto a tu pareja, ¿te inclinas más por tener cuentas separadas o por tener una cuenta común? ¿Quién paga qué?

4. **Límites emocionales.** ¿Sientes que los demás escuchan y validan tus sentimientos? ¿Crees que puedes expresarte sin que las personas que te rodean te juzguen ni critiquen? Si un tema te incomoda, ¿eres capaz de comunicarlo? ¿Qué temas suelen incomodarte?

5. **Límites sociales.** Cuando estás en una relación romántica, ¿te resulta imprescindible tener tu propio espacio, tiempo a solas, etcétera? ¿Qué es lo que necesitas específicamente? ¿Qué (metas, aficiones...) tienes? ¿Cuánto tiempo necesitas pasar con tus amistades, familiares y parejas para sentir que estás cuidando dichas relaciones? ¿Te resulta fácil decir «no» cuando te proponen hacer algo que no te gusta?

DEFENDER NUESTROS LÍMITES

Ahora que ya aclaraste tus límites en los cinco grupos clave y que identificaste en qué situaciones y con qué personas necesitas fijarlos, así como en qué aspectos flaqueas a la hora de hacerlos respetar, es el momento de aplicar toda esta información. Para lograrlo, puede que tengas que hablar de tus necesidades y expectativas con tu pareja, familiares o amigos.

Al poner nuevos límites, prepárate para que tus relaciones se debiliten al principio. Después de todo, a nadie le gustan los cambios, y a algunas personas los límites las hacen sentirse aisladas o mal con ellas mismas. Por lo tanto, aborda este tema con bondad y paciencia. Una vez que todo el mundo se haya adaptado, la relación contigo mismo y con los demás mejorará de manera significativa gracias a tu empeño en poner límites y defenderlos.

> A veces, la persona tóxica eres tú. A veces, eres esa persona cruel y negativa de la que te gustaría alejarte. A veces, el problema eres tú. Y eso no te hace alguien menos válido. Sigue creciendo.
>
> **Anónimo**

IMPLEMENTAR LOS LÍMITES

Ahora que sabes qué límites quieres implementar en tu vida, ¿qué cambios tienes que hacer? ¿Qué harás para asegurarte de respetar y hacer respetar tus límites? ¿Qué miedos te invaden a la hora de poner límites y mantenerlos?

Soy capaz de poner límites que respeten y respalden mis principios básicos.

¿ERES TÚ EL PROBLEMA?

Asumir nuestra responsabilidad es una lección muy valiosa del trabajo de sombras, y algo que a todos nos toca hacer en algún momento. Cuando surgen problemas en las relaciones, nuestro ego —en su empeño por protegernos— intenta convencernos de que toda la culpa es de los demás. La realidad es que todos solemos tener nuestra parte de razón, por lo que, si hay tensión en alguna de tus relaciones, es hora de que asumas que una parte de la culpa es tuya.

Para completar este ejercicio, marca las afirmaciones que mejor describan tu forma de actuar en cada situación. Luego, escribe cómo piensas modificar tu comportamiento. Por ejemplo: «Cuando reciba críticas constructivas, me detendré a considerar si lo que me dijeron es cierto, y si puede serme útil saberlo. Procuraré conscientemente no ponerme a la defensiva».

Cuando recibo críticas constructivas, suelo responder:

- ☐ aislándome porque me invade la vergüenza o la culpa.
- ☐ poniéndome a la defensiva y señalando los errores de los demás.
- ☐ llorando, gritando, creyéndome víctima o haciendo un berrinche. (Este tipo de comportamiento es un intento de manipular emocionalmente a los demás).
- ☐ de ninguna de las opciones anteriores. Me parece bien recibir críticas constructivas y consejos, y ya tengo claros mis límites sobre los temas de los que no me gusta hablar.

La próxima vez que reciba alguna crítica constructiva, actuaré de la siguiente manera:

____

____

____

____

CONTINÚA→

¿Eres tú el problema? (Continuación)

Cuando siento que una persona que me importa no me está dedicando tiempo

- ☐ no le digo nada, pero o estoy enojado o me comporto de forma pasivo-agresiva para llamar su atención.
- ☐ intento controlar lo que hace para señalarle que sí podría dedicarme más tiempo.
- ☐ acepto su decisión, pero siento que me está dejando de lado, y tiendo a autocompadecerme o a dudar sobre la relación. (Las personas que caen en esta trampa mental también suelen experimentar depresión y celos).
- ☐ no hago nada de lo anterior. Analizo mis sentimientos durante un tiempo y, después, hablo con esa persona sobre los aspectos en los que necesito más apoyo y muestras de afecto.

La próxima vez que sienta que necesito pasar más tiempo de calidad con alguien, actuaré de la siguiente manera:

____

____

____

____

En cuanto a la honestidad:

- ☐ soy capaz de mentir con tal de evitar los conflictos o si creo que decir la verdad me afectará negativamente.
- ☐ no suelo mentir, pero una mentira piadosa de vez en cuando no le hace daño a nadie.
- ☐ mi desconfianza hacia los demás provoca que me cueste expresarme con franqueza.
- ☐ no hago nada de lo anterior. Aunque pueda meter la pata, valoro la honestidad y me esfuerzo por ser una persona sincera, porque entiendo que la franqueza, combinada con una comunicación sana, es vital para que cualquier relación funcione.

Para ser una persona más honesta, actuaré de la siguiente manera:

En cuanto a mis relaciones:

- ☐ tiendo a ser muy exigente, por lo que me frustro o me enoja cuando alguien no se comporta como quiero.
- ☐ suelo descargar mi frustración en las personas más cercanas, incluso cuando no son la causa de mi malestar.
- ☐ dejo que los demás lleven las riendas e intento no causar problemas.
- ☐ no hago nada de lo anterior. Me esfuerzo por respetarme y por respetar a las personas que me rodean. Sé valorar mis relaciones de forma objetiva, intentando siempre crear vínculos sanos.

Para mejorar mis relaciones, actuaré de la siguiente manera:

Cuanta más bondad, respeto y aceptación dedico a mi persona, más fácil me resulta querer, respetar y aceptar a los demás.

ASUMIR LA PROPIA RESPONSABILIDAD

Cuando nos equivocamos o actuamos sin tener en cuenta nuestros principios básicos, reconocer nuestra responsabilidad resulta liberador. Haz una lista de las veces en las que te has encontrado en esta situación, desarrollándolas bien de una en una. Fíjate en qué emociones se despiertan cuando te enfrentas a tus errores y deslices del pasado. En cada una de las ocasiones, asume tu parte de la culpa. Después, perdónate y comprométete a actuar mejor en el futuro.

USAR LAS RELACIONES COMO UN ESPEJO

Nuestros vínculos más estrechos con los demás son una valiosísima herramienta de autocrecimiento, ya que las relaciones funcionan como un espejo en el que mirarse. Por ejemplo, alguien con miedo a recibir amor puede —de forma inconsciente— elegir parejas emocionalmente inaccesibles, y, aun así, preguntarse por qué acaba siempre con el mismo tipo de persona.

Este ejercicio se basa en observar con atención tus relaciones para descubrir qué reflejan de tu subconsciente. Trabaja cada uno de los tipos de vínculos que aparecen en la tabla con la mente abierta, llenando cada espacio con una reflexión breve.

Relaciones románticas (pasadas, presentes o ambas)	**Relaciones parentales**	**Relaciones con otros familiares**	**Relaciones de amistad**

MEDITAR PARA REFLEXIONAR

Esta meditación es un ejercicio de visualización muy sencillo y fácil de recordar. Úsalo siempre que quieras conectar con tu interior para aclarar tus ideas. Puedes practicar esta meditación abierto a recibir cualquier mensaje o solución, o puede que tengas una pregunta específica a la que te gustaría dar respuesta. Asegúrate de tener a la mano un diario o cuaderno para detallar tu experiencia al momento de terminar.

Para empezar, busca un lugar cómodo donde nada ni nadie te moleste. Puedes sentarte o acostarte, y te recomiendo poner de fondo música tranquila que te ayude a relajarte. Luego, concéntrate en tu respiración, inhalando profundamente para, después, soltar la tensión con cada exhalación. Haz esto hasta que tu cuerpo se relaje por completo.

Cuando tanto tu cuerpo como tu mente se hayan relajado, visualiza enfrente de ti un camino que se adentra en un bosque milenario. Imagínate todos los detalles que lo rodean, como el canto de los pájaros o los sonidos de otros animalitos que vivan ahí. Fíjate en la tranquilidad que te envuelve conforme te adentras en el bosque.

De repente, ves a lo lejos una pequeña masa de agua. Te acercas hasta alcanzar la orilla. Al principio, el agua está agitada; las olas te impiden ver lo que se refleja en la superficie.

Así, de rodillas frente al agua, piensa en aquello sobre lo que quieras reflexionar. Poco a poco, a medida que tu atención se centra en ello, el agua se calma hasta quedarse completamente quieta. La superficie te devuelve tu propio reflejo. Ahora, frente a frente con tu ser, haz tu pregunta o pide recibir un mensaje. Permítele a tu reflejo hablarte, escuchando atentamente lo que tenga que decirte. Siéntate en la orilla y conversa con tu reflejo todo lo que quieras. Al terminar, anota los mensajes recibidos y reflexiona sobre sus posibles significados.

ANALIZAR LOS PATRONES PROPIOS

En tus relaciones más cercanas, ¿qué patrones se repiten? ¿Cuáles de ellos son sanos? ¿A cuáles les tienes que prestar más atención? ¿Qué narrativa se esconde tras ellos?

Las claves del capítulo

En este capítulo empezaste a descubrir el funcionamiento interno de tus vínculos más cercanos, así como a comprender el papel que desempeñas en cada uno de ellos. Esto es un resumen de lo que hemos aprendido:

- A pesar de que la codependencia suele definirse como una «adicción a las relaciones» y vincularse a las relaciones románticas, este apego malsano y típicamente unilateral se puede dar en cualquier tipo de relación.
- Los cinco grupos de límites más importantes son los personales, los sexuales, los económicos, los emocionales y los sociales.
- Al empezar a poner límites, prepárate para que tus relaciones se resistan al principio. Después de todo, a nadie le gustan los cambios, y los límites pueden despertar en algunas personas sentimientos de inseguridad o rechazo.
- Cuando tienes un conflicto con alguien, tu ego —en su empeño por protegerte— intenta convencerte de que toda la culpa la tiene la otra parte. La realidad es que todos solemos tener nuestra parte de razón.
- Tus vínculos más cercanos con otras personas pueden servirte como una herramienta inestimable de autoconocimiento.

DIARIO DE TRABAJO

Piensa en alguien con quien tengas una relación algo tensa. Escribe sus nombres —tanto el tuyo como el de la otra persona— en el centro de este círculo. Después, llena el resto del círculo con palabras y frases positivas que describan a esa persona o la energía que te gustaría que caracterizara su relación. Puedes escribir, por ejemplo, cosas como «mejor comunicación», «amor», «generosidad», «amabilidad», «empatía» o «hacer las paces». Déjate llevar por tu intuición. Si notas que te cuesta trabajo, respira, buscando atraer la energía del amor. Cuando hayas terminado de completar el círculo, escribe alrededor de toda su circunferencia la frase: «¡Listo! Gracias, gracias, gracias».

Cuando estamos en desacuerdo con alguien, solemos centrarnos en lo que hace o dice la otra persona y no en nuestros propios actos. Ahora, sincérate sobre cómo puedes estar fomentando algunos problemas en tus relaciones. Escríbelo aquí.

¿De qué forma podrías cambiar conscientemente tu manera de pensar para fijarte más en la parte positiva de tus relaciones? ¿Cómo podrías identificar mejor qué problemas estás causando tú y asumir tu responsabilidad?

La relación que tienes contigo mismo dicta la tónica del resto de las relaciones que mantendrás a lo largo de la vida. Cuando tienes una autoestima sana, eres capaz de poner límites que estén en consonancia con tu amor propio. En este ejercicio tendrás que escribirte una carta a ti mismo. Si no se te ocurre nada, piensa en tus mayores inseguridades o en aspectos sobre los que suelas castigarte; después, escribe sobre ello, pero diciéndote mensaje amables y reconfortantes. Cuando termines, colócate frente a un espejo y léete la carta mirándote a los ojos. Relee la carta diariamente.

Al escribirte la carta del ejercicio anterior y al leértela después, ¿qué sentiste? ¿Qué te costó más trabajo? ¿Qué otras cosas puedes hacer para mejorar la relación que tienes contigo?

Muchas personas tienen la creencia limitante de que alabarse, enorgullecerse de sí mismas o adorarse es de engreídos. ¿Te resulta cómodo pensar y decir cosas positivas de ti? ¿Y recibir cumplidos? ¿Hubo alguien en tu pasado que te hizo sentir que no merecías recibir amor? Si fue así, ¿cómo te afectó en tu autoestima?

Perdonar puede ser una ardua tarea. El ego tiende a guardar rencor, lo que dificulta el perdón. Perdonar no significa consentir el mal: simplemente significa que elijes liberarte de la ira. Esto requiere de mucha práctica. Piensa en alguien a quien le guardes rencor. Cuando ya tengas tanto a la persona como la situación en mente, completa este ejercicio.

_______________________________ *[nombre de la persona]*

te deseo _______________________________ *[algo positivo, como salud, riqueza, amor, felicidad, etcétera]*

Ahora, repite esta frase cuatro veces más, dirigiéndola a la misma persona pero deseándole algo distinto en cada ocasión:

____

____

____

____

Cuando termines, lee lo escrito en voz alta, deseándole de forma genuina el bien a esa persona. Hazlo cinco veces. Después, respira profundamente y deja ir cualquier tensión que haya aparecido durante el ejercicio.

¿Qué es lo que te pareció más difícil del ejercicio anterior? ¿Cómo respondió tu ego a la hora de desearle el bien a alguien que te ofendió o te hizo daño? ¿Qué emociones te invadieron durante la actividad? ¿Cómo te sentiste al terminar?

CAPÍTULO 8

ACEPTA TUS SOMBRAS Y ALCANZA EL VERDADERO AMOR PROPIO

Lo que de verdad te espera en el camino del trabajo de sombras es el amor propio, la autoaceptación y la autocompasión. Una vez que interiorizas estos conceptos clave, todas las demás relaciones de tu vida mejoran como consecuencia.

El mundo en que vivimos nos presiona socialmente a tener uno u otro aspecto y en el que se idealizan estilos de vida irreales, lo que provoca que muchos de nosotros creamos haber fracasado. Por ello, en este capítulo nos centraremos en construir una relación sustancial y afectuosa con nosotros mismos, aprendiendo a aceptar de verdad todas las partes que nos componen, especialmente nuestras sombras.

Cuando rompamos con las creencias limitantes que nos meten en la cabeza los mensajes subliminales que recibimos todos los días, aprenderemos no solo a querernos totalmente, sino también a conectar con nosotros mismos de verdad y a comprendernos como nunca antes. Cada vez que mudamos de piel, dejando atrás nuestro yo pasado, tenemos que familiarizarnos con un nuevo yo. Este proceso, como la mayoría, no tiene fin: simplemente, nuestro autoconocimiento crece y crece.

EL AUTOCONOCIMIENTO ESCLARECE LA MENTE

Como parte de mi metodología, le envío a los pacientes con los que voy a trabajar un cuestionario para que lo completen antes de nuestra primera sesión. Las respuestas me sirven para evaluar qué tan claro tienen sus deseos, objetivos y motivaciones. No es raro que la gente responda con frases como «No lo sé», «Qué buena pregunta» o «No estoy seguro». Aunque la cuestión se refiera a objetivos a corto y largo plazo, el desconocer las propias pasiones y deseos a veces está detrás de este tipo de respuestas. Después de todo, ¿cómo puedes saber cuáles son tus objetivos si ni siquiera sabes qué te gusta hacer?

Veamos el caso de Jamie, por ejemplo. En este aspecto, Jamie es una de las pacientes más difíciles que he tenido. Durante las tres primeras sesiones, respondía a casi todas las preguntas con incertidumbre.

Enseguida me percaté de que a Jamie le faltaba conocerse a sí misma. Al mismo tiempo, me confesó que, tras dar a luz a sus hijos, se dio cuenta de que no sabía quién era más allá de los papeles de madre y esposa. Personalicé un plan que lentamente la ayudó a autodescubrirse, lo que le permitió tener claro lo que pensaba sobre aquellos aspectos que antes la hacían dudar. Al final, nuestro trabajo en común consiguió encaminarla hacia la consecución de su recién descubierto objetivo: fabricar y vender joyas en su tiempo libre.

¿QUÉ TE HACE FELIZ?

El autoconocimiento es un camino interminable y sinuoso. Conforme cambiamos y nos enfrentamos a nuevas experiencias, se nos invita a autodescubrirnos una y otra vez.

Completa los espacios en blanco para esclarecer qué cosas te ilusionan.

El tiempo vuela cuando ______________________________

______________________________.

Las actividades que más disfruto son ______________________________

______________________________.

En mi tiempo libre, me encanta ______________________________

______________________________.

Si pudiera ganarme la vida con absolutamente cualquier cosa, me gustaría ______

______________________________.

Se me olvidan todas mis preocupaciones cuando ______________________________

______________________________.

Ojalá tuviera más tiempo para ______________________________

______________________________.

Me gustaría aprender más sobre ______________________________

______________________________.

Siento unas ganas inmensas de ______________________________

______________________________.

Estos son los temas que me interesan: ______________________________

______________________________.

Me siento alegre y optimista cuando paso tiempo con ______________________________

______________________________.

HACER MÁS AQUELLO QUE DISFRUTAS

¿Qué aprendiste de ti, tus pasiones y tus deseos gracias al ejercicio anterior? ¿Qué excusas o creencias limitantes tienes que te impiden hacer más aquello que disfrutas?

;OMPROMETERSE A PERSEGUIR .A FELICIDAD

:uando realizamos cosas que nos hacen felices, atraemos más oportunidades experiencias positivas. En esta actividad deberás aplicar lo que descubriste y omprometerte a dedicar más tiempo a hacer aquello que disfrutas.

¿Cómo puedes hacerles espacio en tu vida a las cosas que te gustan? ¿Y ué cosas son? Especifica qué actividades quieres practicar más y cuándo as a hacerlo. ¿Es acudir a clases sobre algo que te interesa? ¿Pasar más empo con alguien que te aporta mucho? ¿Viajar? ¿O quizás practicar más lgún deporte?

Comprométete a buscar espacios en tu día a día para hacer cosas que te ustan. Para tener una referencia, ve registrando toda la experiencia en tu iario o en un cuaderno, ya que no sabes adónde puede llevarte. Hace cinco ños, decidí empezar a pasear todas las mañanas escuchando algún pódcast notivacional, lo que me ha llevado a escribir tres libros y a emprender mi propio egocio. Obviamente, no lo vi venir. La vida florece ante nosotros de una forma nágica si nos sumergimos en el momento presente y lo abrazamos con alegría.

;i no hubiera limitaciones de ningún tipo, ¿cómo sería tu vida ideal? ¿Cómo te entirías? Sin ataduras de por medio, ¿cuáles serían tus deseos más profundos verdaderos?

TENER CLAROS TUS OBJETIVOS

Trabajar la sombra consiste en iluminar la oscuridad. Sin embargo, mucha gente no se da cuenta de que una parte del trabajo de sombras se basa en definir nuestros objetivos. Conocerte y comprenderte lo suficiente como para saber qué objetivos te importan es una pieza fundamental del desarrollo personal.

Utiliza la siguiente tabla para definir tus objetivos inmediatos y tus metas a corto y largo plazo.

Objetivos inmediatos: metas fáciles que se pueden alcanzar razonablemente rápido.
Ejemplos: *irse un fin de semana de viaje o visitar a un familiar.*

Objetivo 1	
Objetivo 2	
Objetivo 3	

Objetivos a corto plazo: metas que te llevarán uno o dos años conseguir
Ejemplos: *ahorrar para un gasto grande o escribir un libro*

Objetivos a largo plazo:* metas a cinco o más años.
Ejemplos: *comprarte la casa de tus sueños, viajar por el mundo o crear tu propio negocio.*

Objetivo 1		
Objetivo 2		
Objetivo 3		

* No dejes que el ego te convenza de que algunas metas te quedan «demasiado grandes». Relee las respuestas que escribiste en el ejercicio anterior y utilízalas como guía para definir tus objetivos a largo plazo.

Me alejo de todo aquello que me impida experimentar la alegría en su máxima expresión.

(Puedes profundizar en esta afirmación explicando qué te impide ser feliz).

ɪACER TUS SUEÑOS REALIDAD

hora que tienes claro cuáles son tus objetivos, es el momento de empezar a acerlos realidad. Todo lo que deseamos se consigue mediante una serie de equeños pasos: cada uno de ellos nos acerca poco a poco a donde queremos egar. La única diferencia entre las personas que triunfan y las que no es su uerza de voluntad para ser pacientes y no abandonar el camino.

Supongamos que alguien se propone convertirse en un conferencista notivacional que tenga que hablar frente a cientos de personas. Supongamos ambién que mañana se despierta y su sueño se hizo realidad. Llegó el ansiado nomento de salir a escena..., pero se saltó todos los pasos previos, por lo que o solo no está cualificado para el puesto, sino que tampoco está preparado n ningún sentido. ¿Te imaginas lo terrorífico que debe ser? Su sueño se olvió realidad, aunque convertido en una pesadilla. Para conseguir nuestros bjetivos, necesitamos recorrer el camino, equivocarnos y aprender de uestros errores y prepararnos.

En este ejercicio aprenderemos a dividir nuestras metas en pequeños pero sequibles pasos. Elige un objetivo de cada categoría —inmediato, a corto lazo o a largo plazo— y decide qué primer paso puedes dar para acercarte a llos. Siguiendo con el ejemplo anterior, si quisieras convertirte en un famoso onferencista, un primer paso sería empezar a escribir un blog o apuntarte clases de oratoria. Asegúrate de fijar tiempos límites. Por ejemplo: «Me puntaré a clases de oratoria a finales de semana» o «Crearé un blog antes de ue termine el mes».

A medida que adquieras más experiencia en este proceso, revisa tu lista para seguir fijándote nuevos objetivos.

ABRAZAR TUS SOMBRAS

Es fundamental que abraces tus defectos sin sentir culpa o vergüenza ni creerte menos que nadie. Nadie es perfecto, y no debería darnos vergüenza admitir que necesitamos mejorar.

Este ejercicio consiste en identificar y confrontar tus limitaciones; también te servirá para seguir practicando el ser amable y empático contigo mismo. Cuanto más te acostumbres a aceptar tus sombras desde la paciencia y la autocompasión, más rápidamente podrás esclarecer las áreas que te preocupan y llevar a cabo los cambios necesarios para sentirte en consonancia con tus principios básicos.

Para empezar, elige un defecto tuyo. Escribe una descripción del mismo y, después, una afirmación que trate la raíz del defecto o la creencia limitante subyacente, y que termine diciendo: «Pero, aun así, me quiero, me respeto y me acepto completamente».

Por ejemplo:

Defecto: «A veces le miento a mi pareja para evitar el conflicto».

Afirmación: «Todavía estoy creciendo como persona y no siempre actúo de acuerdo a mis principios debido a mi miedo al conflicto, pero, aun así, me quiero, me respeto y me acepto completamente».

Defecto: ______________________________

Afirmación: ______________________________

Defecto: ______________________________

Afirmación: ______________________________

Defecto: ______________________________

Afirmación: ______________________________

Defecto: ______________________________

Afirmación: ______________________________

CAMBIAR TU COMPORTAMIENTO

Cuál es la fuente de los defectos que identificaste en el ejercicio anterior? eflexiona sobre qué cosas puedes cambiar para mejorar en esos aspectos.

ENFRENTARSE AL REFLEJO PROPIO

Trabajar con un espejo (en inglés, *mirror work*) consiste en conectar con uno mismo utilizando como herramienta un espejo. Para completar esta actividad, deberás darte un tiempo diariamente —durante al menos veintiún días— para dedicarte palabras afectuosas mientras te miras directamente a los ojos en un espejo. Se trata de una tarea que puedes incorporar fácilmente a tu rutina matutina, mientras, por ejemplo, te vistes.

Enfrentarte a tu reflejo puede resultarte muy difícil, e incluso puede que lo veas algo tonto o que te preocupe lo que los demás pensarían si te oyeran. Te animo a dejar a un lado esos miedos y a comprometerte con la práctica. Te dejo aquí unas cuantas frases que puedes usar para empezar, pero no dudes en crear tus propias afirmaciones según lo que necesites oír.

- Te quiero.
- Eres una persona preciosa por fuera y por dentro.
- Me enorgulleces.
- ¡Lo estás haciendo genial!
- Vales mucho.
- Eres alguien perfectamente imperfecto... ¡y es normal!
- Eres importante.

¿Qué verdades descubriste sobre ti en esta tarea? ¿Esta información cambió tu autopercepción y la forma de concebir tus experiencias? ¿Cómo?

Puedo conseguir cualquier cosa que me proponga si soy constante y me mantengo firme.

REFLEXIONES FINALES

Este ejercicio te mostrará cuánto has crecido a lo largo de todo el trabajo de sombras. Te señalará tus triunfos y te ayudará a reflexionar acerca de todos los cambios positivos que se han producido gracias a tu esfuerzo, dedicación y compromiso con tu viaje de crecimiento personal.

¿De qué forma ha mejorado tu mentalidad gracias al trabajo de sombras que llevaste a cabo?

¿Qué triunfos has cosechado gracias al trabajo interior que realizaste?

¿Cómo han mejorado tus relaciones?

¿Qué has descubierto gracias a este libro?

¿De qué manera ha cambiado todo tu esfuerzo lo que sientes y piensas sobre tu persona?

¿Qué hacen tus miedos para limitarte? ¿Qué pasos has tomado —o tomarás— para enfrentarte a ellos?

CELÉBRATE!

unque se trata de un ejercicio divertido, puede resultarnos incómodo elebrar nuestros éxitos, e incluso nuestra existencia. Ser el centro de tención hace que algunas personas se sientan pretenciosas o mal por ɔuscar llamar la atención», pero no hay nada más lejos de la realidad. Ser apaz de celebrar tus victorias es una muestra de autoconfianza sana.

Si ya lograste llegar hasta aquí, esmerándote en completar todas las ctividades, deberías estar radiante de orgullo. Este es un triunfo que vale pena celebrar, y eso es precisamente lo que tienes que hacer en esta ltima tarea.

Planea algo divertido para conmemorar tu viaje a través de las sombras. uede que te guste, por ejemplo, cenar fuera o irte de viaje durante un finde; uizás prefieras autorregalarte tus flores favoritas o ir de una vez por todas ese spa al que tantas ganas has tenido de ir. Elige lo que quieras, pero onscientemente, ¡y ten en cuenta que tú lo vales!

Las claves del capítulo

En este último capítulo nos centramos no solo en conocerte más profundamente, sino también en aceptar todas tus facetas, incluyendo tus sombras. Estos son los puntos clave que debes recordar:

- El camino del autoconocimiento es interminable y sinuoso. Conforme creces como persona y te enfrentas a nuevas experiencias, debes autodescubrirte una y otra vez.
- Cuanto más tiempo dedicas a aquello que te hace feliz, más oportunidades y experiencias positivas atraes.
- La mayoría de la gente no se imagina que definir nuestros objetivos sea parte del trabajo de sombras. Sin embargo, conocerte y comprenderte lo suficiente como para saber qué objetivos te importan es una pieza fundamental del desarrollo personal.
- Es necesario que abraces tus defectos sin culpa ni vergüenza ni sintiéndote menos que nadie.
- Ser capaz de celebrar tus éxitos es una muestra de autoconfianza sana.

DIARIO DE TRABAJO

El amor es una energía que puedes elegir adoptar y que te ayudará a aceptar todas tus facetas. La mayor parte del trabajo de sombras se centra en cómo mejorar los aspectos negativos que se esconden en la oscuridad, pero me gustaría darle la vuelta a la situación para equilibrar un poco todo. Por ello, en este ejercicio voy a pedirte que pienses en las cosas que te gustan de tu vida. Anota aquí todo aquello que te conecte con la energía del amor. Pueden ser sitios, personas, animales, canciones, actividades o cualquier otra cosa. Regresa a esta página cada vez que necesites una dosis de la energía curativa del amor.

1. ____________________
2. ____________________
3. ____________________
4. ____________________
5. ____________________
6. ____________________
7. ____________________
8. ____________________
9. ____________________
10. ____________________

Fíjate en la lista del ejercicio anterior y contesta. ¿Qué tan a menudo te dedicas a actividades, situaciones o personas que te conectan a la energía del amor? ¿Qué puedes hacer para dedicarles más tiempo a esas cosas? Si te esforzaras diariamente por transmitir amor de forma consciente, ¿cómo cambiaría tu vida?

Piensa en conductas ajenas que critiques directamente. ¿Cómo tratarías en concreto a dichas personas, sus comportamientos o la situación si actuaras desde el amor y la paciencia? Tu ego intentará «protegerte» de este punto de vista, así que mantente alerta para que esto no pase. Si notas esa resistencia, dedica unos segundos a tranquilizarte antes de continuar.

Se conoce como «abrazo de oxitocina» al abrazo que dura treinta segundos, ya que nuestra mente libera esta hormona tras un periodo de contacto físico prolongado. La liberación de oxitocina aplaca la ansiedad y contrarresta las hormonas del estrés. También regula el sistema nervioso, fomentando así la salud física y emocional.

Intenta darte un abrazo de treinta segundos tres veces al día, por la mañana, al mediodía y por la noche. Si no tienes buena memoria, pon recordatorios en el celular. Si tienes la oportunidad, también puedes abrazar durante un tiempo a tu pareja, hijos, amigos o familiares.

- ☐ **Antes del abrazo:** Respira profundamente y fíjate en cómo te sientes. Anota aquí abajo, en el primer espacio, qué notas en tu cuerpo y en tu energía. Por ejemplo, ¿sientes presión en el pecho, ansiedad o alguna tensión física?

- ☐ **Después del abrazo:** Vuelve a respirar profundamente y a fijarte en tu cuerpo, tu mente y tu energía. Anota los cambios que identifiques en el espacio correspondiente.

Cómo me siento antes

Cómo me siento después

Cuando te dejas llevar por las sombras, puede que no actúes en sintonía con tus principios básicos. Identificar tus tendencias malsanas te ofrece la oportunidad de realinearte con tu esencia. Usa esta lista para descubrir qué comportamientos tienes a veces que te alejan de tus valores.

- ☐ Gritar
- ☐ Insultar
- ☐ Criticar
- ☐ Juzgar y comparar
- ☐ Mentir
- ☐ Rivalizar
- ☐ Ser terco
- ☐ Guardar rencor
- ☐ Buscar validación externa
- ☐ Autosabotearte
- ☐ Envidiar
- ☐ Codiciar
- ☐ Ser egoísta
- ☐ Ser complaciente
- ☐ Reaccionar
- ☐ Ser impaciente
- ☐ Actuar con mala voluntad

¿Cómo han cambiado tus principios básicos con el tiempo? En tu infancia, ¿qué valores e ideas te transmitieron los adultos? ¿Cambiaste de opinión al madurar?

En los siguientes ámbitos, ¿cuáles son tus valores básicos?:

Familia:

Relaciones románticas:

Trabajo:

Amistad:

Amor propio:

REESCRIBIR TU PROPIA HISTORIA

Todas las historias suelen ser fruto de nuestras experiencias infantiles, las cuales nos mantienen anclados a círculos viciosos y patrones tóxicos. Escribir una nueva narrativa puede ayudarnos a sanar y, en última instancia, a transformar nuestra vida actual.

Este ejercicio se divide en dos partes. Primero debes identificar tus narrativas obsoletas para, después, reescribirlas. Por ejemplo, una niña que se cría con una madre que la critica y pone sobre sus hombros expectativas poco realistas puede convertirse en una mujer con tendencias complacientes debido a que la narrativa interiorizada le dice que, para merecer el amor y para ser aceptada, tiene que complacer a los demás. Para reescribir esta historia, tendríamos que afirmar que una es digna de ser querida y aceptada, digna de afecto y validación, independientemente de todo lo demás, es decir, sin condiciones.

Identifica una narrativa antigua y ya obsoleta y utiliza este espacio para reescribirla.

UNA ÚLTIMA PALABRA

¡Felicidades! Me siento absolutamente orgullosa de ti, ¡espero que tú también lo estés! El trabajo de sombras no es algo para cobardes, y nosotros nos internamos muy profundo en la oscuridad.

Espero que hayas aprendido mucho sobre ti, tus experiencias y el mundo que te rodea. Quiero agradecerte de corazón que hayas llegado hasta el final y que te hayas comprometido tanto con tu proceso de crecimiento personal.

Es el momento de saborear los frutos de tu trabajo, de tu esfuerzo. A pesar de que muchas veces son las dificultades y las experiencias desagradables e incluso dolorosas las que nos hacen crecer, también podemos mejorar en la felicidad. Apóyate en esta idea: puedes crecer a través del amor y de la virtud.

Muchas gracias por permitirme formar parte de tu viaje; es algo que nunca me gusta dar por hecho. Para mí es un gran honor y una gran vocación guiar a los demás a través de sus sombras, así que gracias por darme el espacio necesario para cumplir mis sueños, palabra a palabra. Espero haberlo hecho bien.

Te mando todo el amor del mundo,

Kelly

RECURSOS

Carl Jung: Knowledge in a Nutshell, **de Gary Bobroff**. Esta obra es una sencilla introducción a la vida de Carl Jung y a sus ideas en torno a la mente subconsciente.

Co-Dependents Anonymous, **coda.org.** Es un método comunitario de doce pasos para ayudar a las personas a crear relaciones sanas.

Este dolor no es mío, **de Mark Wolynn.** Este libro sirve para explorar la conexión entre las heridas generacionales y la ansiedad, la depresión, el dolor crónico y otros trastornos mentales y físicos.

High Vibe, **de Kelly Bramblett (pódcast disponible en la mayoría de plataformas).** En mi pódcast, abordo multitud de temas relacionados con el trabajo de sombras, acompañada de ponentes invitados.

Sánate: conecta con tu esencia mediante la Psicología Holística, **de la doctora Nicole LePera**. Aprende a reconocer los patrones que siguen tus creencias limitantes y a enfrentarte a ellas para reconectar con tu verdadero yo.

Rewired, **una serie documental presentada por Joe Dispenza**. Sumérgete en tu mente subconsciente y aprende a reprogramar tu cerebro para enfrentarte a tus sombras, adoptar hábitos saludables y sanar tus traumas.

SelfHealers Soundboard, **de Nicole LePera y Jenna Weakland.** En este pódcast aprenderás a reconocer y confrontar tus patrones tóxicos, así como a tus experiencias pasadas y desarrollar un mayor autoconocimiento.

Your Inner Child: A Guided Journal to Heal Your Past and Recover Your Joy, **de Kelly Bramblett.** En este libro te ofrezco guías de escritura y ejercicios que te ayudarán a sanar tu niño interior, abriéndole así la puerta a un futuro más próspero.

Referencias

ÍÑIGUEZ ROMO, Dr. Andrés, «Una nueva estrategia en la Fundación Española del Corazón» [en línea], Sociedad Española de Cardiología, 22 de octubre de 2022. Disponible en <https://secardiologia.es/comunicacion/noticias-sec/13842-una-nueva-estrategia-en-la-fundacion-espanola-del-corazon>.

Fundación Española del Corazón, «Bienestar emocional y enfermedad cardiovascular», 2023. Disponible en <https://fundaciondelcorazon.com/prevencion/riesgo-cardiovascular/estres.html>.

ÍNDICE ANALÍTICO